U0579532

小日子
大时代

XIAO
RI
ZI
DA
SHI
DAI

我的家事手账

黄军峰 沈 庆——撰
骆宗明——口述

湖南人民出版社·长沙

小故事 大时代

李春雷

衣食住行、柴米油盐、婚丧嫁娶、生老病医……一册册账本，记录着一个人乃至一个家庭数十年的生活点滴。

从 20 世纪 50 年代到新时代的今天，账本里的变化，是细微的、琐碎的，却又是巨大的、完整的，令很多人感同身受、感叹唏嘘。

前不久，青年作家黄军峰约我为其新书作序。翻阅书稿，不禁感慨良多。是的，一个人、一个家庭，置于一个国家之中，显得微不足道。然而，就是这微不足道的关于个人和家庭渐变的琐碎的生活记录，串联起普通人的平常日子，生动展现出季节更送中的社会变革和时代进步。

这部作品由主人公口述、作者解读和图片印证三者有机组合而成，按照日常生活的序列排列章节，沿着人物的生活轨迹和命运足迹推进。书中的许多情节出自主人公自述，许多话是主人公自己在说，作者就像是第一个读者，静静地倾听着、忠实地记录着，遵命而为，将一个人、一个家庭的前途命运与国家、民族的前途命运紧密相连，使得平凡的人和平淡的生活具有了不平凡的意义。

整部作品，语言朴实，娓娓道来，丝丝入扣。主人公骆宗明已年过八旬，他数十年时间记录下的这些账本，是对生活的记忆，也是对岁月的回首。从缺衣少食到衣食无忧，从缺医少药到健康养生，从养儿育女到传承家风——平淡如水的日子映射出普通人的一生。但就是在这平平淡淡中，却能读到一个人过去经历的苦难、艰辛，如今拥有的幸福、快乐。

新时代的今天，国家变化日新月异，百姓生活蒸蒸日上……骆宗明老人的"北京平"小院里，充满了恬静的幸福，令人羡慕与向往。诚如书稿中所写的那样："风风雨雨一辈子，日子如水，哗啦啦就这么流过来了……日子越过越好，这些都与国家的发展和富强分不开。"

骆宗明老人本身就是一部书，一部蕴蓄着勤勤恳恳、兢兢业业、脚踏实地、孜孜不倦，于磨难中奋起向上的力量的典籍。通过这部作品，我们看到了老人的一生：涌起或大或小的浪花，经历了风风雨雨，迎来了春华秋实，心怀感恩之心，常存感激之情。他正视平凡的生活，守望平凡的价值，善待平凡的人生，拥有了朴实美好的人生，迎来了伟大的时代。

不难看出，作家黄军峰被主人公的账本故事所深深触动，由此不断思考和剖析，力求挖掘隐匿在账本背后意义深远的故事，以时间为轴重新梳理了国家历次相关政策方针、制度的重大变革，并进而从文化等宏观层面对账本故事展开阐释。作品由家及国，再由国到家，家国一体，境界得以提升，情感得以升华，如此一来，一部看似稀松平常的作品便有了深刻的内涵。

时光流转，白驹过隙，四季交替，沧海桑田。读罢书稿，掩卷沉思，作品以小故事反映大时代，以平常日子诠释时代变化，以小见大的选材和平实质朴的叙述，恰恰体现出报告文学的实用价值。

真实记录现实生活，讲述发生在中国大地上的动人故事，是当代报告文学作家的责任与担当。新时代的报告文学，既能书写当下发生的又能书写当下发现的，既能记录百姓琐事又能记录家国情怀。

黄军峰的这部作品，立足百姓生活，着眼国家情怀，在记录生活和文本营构上，都有着明显的进步，着实让我看到了一个青年作家奋进成长的身影。

真诚祝贺，真诚献序。

（李春雷，国家一级作家，现任河北省作家协会副主席、中国报告文学学会副会长。长篇报告文学《宝山》2005年获第三届鲁迅文学奖，短篇报告文学《朋友——习近平与贾大山交往纪事》2018年获第七届鲁迅文学奖，长篇报告文学《山生》2012年获全国第九届精神文明建设"五个一工程"奖，曾蝉联三届徐迟报告文学奖，入选2014年文化名家暨"四个一批"人才，享受国务院政府特殊津贴。）

引言

古人云：国之本为家。

家是最小国，国是千万家。从古到今，千千万万家庭的和睦、幸福和文明映射着社会的安定、祥和与文明，国家的繁荣发展，影响着千千万万家庭的幸福美满。

国与家，血脉相连；家与国，唇齿相依。

1949年10月1日，毛泽东主席站在天安门城楼上，向着全世界庄严宣告：中华人民共和国成立了，中国人民从此站起来了！

转瞬已过七十多个春秋。七十余年来，我们的国家从困苦贫寒中艰辛探行，披荆斩棘，风雨兼程，从积弱积贫走到了新时代的繁荣富强。在这七十余年里，国家的变化日新月异，无数个家庭的变化天翻地覆，我们的祖辈、父辈，乃至我们这一辈人，都深切地体会和感受着这种巨大的变化。

黑黑白白的日子，在巨变中沐浴更迭。看似漫长的七十余年，于历史长河之中，不过一瞬。有些记忆终究会被时间深藏，有些感受会被岁月的灰尘覆盖，回眸过往，回眸我们的国家与千千万万个家庭一路走来的艰辛路程，太多的故事值得回忆和铭记。

如何让这种回忆留存下来，若干年后，当我们的后人看到这些回忆的时候，能够有所触动，给予"不忘初心"的提醒？或许，是我们这一辈人应该去做的一件有意义的事情。

思来想去，最好的方式莫过于记录。文字是最主要的史料载体，也是文化与文明能够得以流传和保存的重要途径。

然而，面对浩瀚如海的七十余年，面对波澜壮阔的七十余年，如何记录，用什么样的方式记录，选择什么样的角度去记录，并不是一件容易的事情。

骆宗明老人的档案故事就是这样进入我们视野的。

年过八旬的骆宗明老人，生于新中国成立之前，他所经历的，他的家庭所经历的，与中国大多数个人和家庭几近相同。难能可贵的是，善于用心的老人，用朴实的笔触记录下了其个人和家庭的变迁，也记录下了个人与国家、家庭与国家的丝丝牵连。

翻阅骆宗明老人的三百多本档案，我们沉浸其中不能自拔。那里面，有个人生活的点滴，有家庭生活的侧影，有地域历史的追溯，有家风家教的传承……

个人和家庭的档案，看似琐碎，却是我们了解一个时代最好的注脚。为了保持档案本身的朴实性，我们选择用第一人称的角度进行讲述，将家事与国家发展的脉络交相走笔，以期用最简单的笔墨为大家呈现一幅丰富的社会发展图景。此外，大量的档案实物图片和相关图景穿插其中，让整部作品有了更为直观、灵动、鲜活的冲击力，让读者在阅读中产生共鸣，也让更多人在共鸣中联想到自己，激起更为深刻的家国情怀。

泛黄的纸张，浓重的笔墨，有序的内容……一本本档案记录着骆宗明老人数十年的生命历程，记录着一个中国普通家庭数十年的变迁。在这里，平凡变得伟大，简单变得庄重，我们在档案里读到了过去，也读到了未来，更读到了巨变中的中国。

小档案里的大变迁，每个人都是时代的弄潮儿、亲历者和见证者，但每个人也都应该是生活和时代的记录者，简单、朴实的档案，算不上精美，也不讲求装帧，却是真切的，充满深情的，更是一卷卷厚重的"史书"，它为我们插上时间的翅膀，带领我们穿越了时空，走进了历史……

目 录

『我的家庭档案』

　　骆宗明是河北省滦州市一名普通退休干部，他从1959 年开始，就一直保持着记录家庭大事小情的习惯。刚参加工作时，每月工资 26.5 元，如今每月退休金超过了 5500 元；过去买自行车、手表、缝纫机等要郑重其事详细记录，如今买彩电、冰箱、洗衣机等大件商品已不再作为家庭重要支出项目，记载更多的是外出旅游、养生保健、捐资助学、上老年大学、参与琴棋书画活动、参加老干部宣讲团等事项……小小的"家庭档案"，既承载着一个普通家庭生活变迁的记忆，也记录着国家发展腾飞的轨迹。

　　在骆宗明家中，一本本"家庭档案"摆满了客厅里的一面书架。2019 年新中国成立 70 周年之际，骆宗明发动全家人，用了三个多月的时间，把以前记录的内容逐条整理，并加入了图表、照片和一些老物件，最终归纳成 **39 卷 14 大类 388 本**"家庭档案"。

各卷内容索引单

藏上到2018年.

类别	总卷	页数	本数	张件数	起始年份
一 日常财务	1	9	3	486	1980年
二 经济记件	1	1	17		1979年
三 固定财产	3	5	26	85	1981年
四 医疗病史	1	5	18	168	2014年
五 紫砂展示	5	5	200	84	1987年
六 社会交往	1	4	16	19	1962—1995
七 子女成长	1	6	3	169	1980年
八 家政大事	1	7	7	60	1964年
九 旅游考察	2	4	5	265	1985—2006
十 服装饰物	1	1		35	1997年
十一 照片音录	1	5	5	370	1985—2010
十二 实物收藏	2	10	8	264	1999—2015
十三 养生保健	3	3	105	61	2000年
十四 业绩成果	16	16	145	442	1979年
总计	14	39	81	388本	2508件

注：全书所展示的档案记录，为保护原貌，可能存在错别字、旧称、异体字以及前后不一致等情况，特此说明。

三卷：（因家财产 某长二卷 5次. 本卷为 三卷第1次）㉕

1. 门市购房产权记. 协议. 台湾建房、土地划拨手续
   买卖房屋（在大山购买协议）要批件、（七本）
2. 老□签协议. 票据.
3. 2001年安装暖气单据、分房问题协议. 分家单.
   港北老房的建房手续. 买卖房契约（公证）
4. 购物说明书. 29本.
5. 保险单、产品合格证 。

〰〰〰〰〰〰〰〰〰〰〰〰〰〰〰〰〰〰〰〰

四卷〈因家财产 +1〉

  内装、手机充线 通信设备、大哥大、BB机   13件

〰〰〰〰〰〰〰〰〰〰〰〰〰〰〰〰〰〰〰〰

五卷（因家财产 +2）

  内存. 各式剃须刀、飞达录、老电表   15件,

〰〰〰〰〰〰〰〰〰〰〰〰〰〰〰〰〰〰〰〰

六卷 〈医疗病史类〉⑱

1. 张宝明年体检表 8本. 13张
2. 李雪芹 " " " 3本   4张
3. 张宝明 住院手续 4本. 52张
4. 李雪芹 住院 " "   2本   8张
5. 全家人 血型鉴定表.

七卷 《荣誉展示首卷》

本状、省级、市、镇荣誉证书 9本 ✗

八卷 《荣誉展示+1》

1. 生任职期 镇、乡级荣誉证书
2. 县市及本市级获奖捷报、奖章、及几领导合影 12件

九卷 《荣誉展示+2》

本市、县、镇获奖荣誉证书 12本

十卷 《荣誉展示+3》

诗联法选荣誉证书 10件

十一卷：《荣誉展示+4》

县市及本市级 获奖玻璃奖杯 二尊

十二卷 《社会交往卷》

1. 各类成通讯录 11本、表链贴 5本、礼单 19件号

十三卷 《子女成长类》

1. 火事记录本 2本
2. 大事记载 14页
3. 子女大事记 6吨
4. 旧照和新照片 4本 247张
5. 家谱、家训 自传 一农
6. 生死记录 9吨

十四卷 《家庭大事》

1. 家谱、自传   2. 生日、属相
3. 病逝记载   4. 大事记录   1本
5. 家庭大事记   6. 十年早知道   6本
7. 家居变化记录   8. 工资增长曲线图
9. 全家政治信仰登记

十五卷 《旅游考察荟萃》

1. 栅州面林 29+164张照片
2. 旅游记录 安排、心得、 5本
3. 导游、票记 34

十二卷《旅游考录+1》

去南方游. 采北游. 省内游 桂林 海水 山水游

十七卷 《服装饰品录》

合格、搜数方位记

十八卷. 《照心音像录》

1 视察验 5 . 2.记录本 5本. 3. V磁光盘 10.

4 奖品 118. 2.班级 48. 文艺级 山. 个人级 16.

5 测静动览 60. 6.代表会级 10、

十九卷 《实物收藏存卷》

1. 毛主席像章. 十大元帅、大将军像, 51 张件.

2. 毛主席 毛生 纪念章、 15 枚

3. 毛主席像章 99 枚.

4 天安一号纪念印. 邮票 12件.

5 铁印、粮票 等 22件.

6. 航天纪念印 10件.

7. 壶观樓印. 骨质磁水杯 2件.

二十卷：《集邮收藏十1》

1. 七六六地震全员受损名单·照计 山贴
2. 贺年片、信封、明信图、剪车卖。（99年）
3. 中国邮递图：本
4. 毛主席题录·诗词·典故 烫装本·7本
5. 明信典 顾问等 3本

—————————

二十一卷、《养生保健实首卷》

1. 每月作息、每月计划 生活习惯 作息 5本
2. 《健身主题照例》 3. 老年保健记和锻炼记益·
4. 健身记 11本· 5 健身器说明书·收代 7本·

—————————

二十二卷 《养生保健十1》

内没 自抄健身记 26本·

—————————

二十三卷 《养生保健十2》

内将：《十二年保健文摘》50本

—————————

二十四本 《业绩成果首卷》共十六卷·

1. 上级任命书、个人简历、自传·代表证·
2. 采访下一代投稿 摄影 三本·

二十五卷 《共续成果 +11》

1. 夕阳红简报　　2. 我的家风摄书 3本.

二十六卷：《共续成果 +12》

1. 集成本《拉块调研史记》 电子版.

2. 通讯年二作记　七本.

二十七卷　《共续成果 +13》

技稿辑印丛书 千本.

二十八卷、《共续成果 +14》

诗歌书法散稿绪书 千本

二十九卷：《共续成果 +15》

1. 滦州矿大事记　　2. 滦州矿组织沿革

3. 诗联书本 13本　　4. 夕阳红刊物 8本.

三十卷：《共续成果 +16》

1. 行草、隶篆四体书法. 30幅　珠四本 5本.

2. 毛泽东诗词开写四体 40幅

三十一卷：《业绩成果十7》

1. 作者简介　　2. 精装本　**1本**

3. 长战练切. 18册. **5本**

三十二卷：《业绩成果十8》

集报简册共32本. 从本卷开始至三十九卷, 每卷内存放 12册。(即: 33卷 10册、 34卷 12册. 35卷 10册 ; 36卷 10册 ; 3卷 12册. 38卷1卷 39卷 12册)。

本篇版集册 从 2004年开始至 2015年结束. 共 20大类 ⟨ ① 健身、 ② 养生、 ③ 饮食 ④ 志向、 ⑤ 防病 ⑥ 偏方 ⑦ 窍门 ⑧ 禁忌 ⑨ 探秘、 ⑩ 新时 ⑪ 对联 ⑫ 生物 ⑬ 长见识 ⑭ 经济 ⑮ 说续 ⑯ 书画 ⑰ 修养 ⑱ 诗词 ⑲ 老年. ⑳ 回收

共 4239页、 12万象征意 十辑连续不断。后因 智能手机出现, 查我资料及收藏广泛. 就此停止. 留下保管空间。但 我至今对生活和工作还有收藏妙用价值. 可称有"延生典"。

"从破草房、土坯房到砖瓦房，没有党和政府的关怀，哪能有我现在的家？"骆宗明禁不住感慨道。

第一章

居之账

从土阶茅屋到高楼宽室

骆宗明一家人分到
了一间半土坯房

1941 年

1965 年

1948 年

骆宗明出生于一间
简陋的茅草屋，后
茅草屋被烧毁，只
好在亲戚家借住

骆宗明家分到了宅
基地，终于盖起了
属于自家的房子

滦州城市新貌

骆宗明搬到了工作
地，一家人住进了
三间瓦房，还盖了
两间厢房

1997 年

1992 年

骆宗明搬到自强里一
处小四合院里，跟老
伴一直生活至今

『家庭档案』记录的建房和搬家经历

居之账
从土阶茅屋到高楼宽室

　　俗话说，金屋银屋不如自己的茅草屋。陋室也好，简居也罢，抑或是豪宅，房子是一个人一生中最重要的事物之一。

　　生有所居，有得住，是人们最基础的生活需求；居有所乐，住得好，又是人们内心最质朴的期盼。"安得广厦千万间，大庇天下寒士俱欢颜，风雨不动安如山。"一千多年前，诗人杜甫用这样一句话道出了无数家庭的期许。

　　安居才能乐业，有房才算有家，这样的思想在中国人心中承续了千百年，是最大众化的认同与共识，也是千百年来无数家庭的梦想。

　　住房问题是重要的民生问题之一，事关社会稳定和群众福祉。

　　2021年3月5日，第十三届全国人民代表大会第四次会议在北京人民大会堂举行。在这次《政府工作报告》中，党中央、国务院再次重申坚持"房子是用来住的、不是用来炒的"定位，以保障好群众住房需求。让每个人"住有所居"，不仅仅是每一个家庭的梦想，更是国家的关怀。

新中国成立七十多年来，我们的国家发生着日新月异的变化，城乡居民的居住环境和居住条件也发生着巨大改变。1978 年，邓小平第一次提出房改问题。1980 年，中共中央、国务院批转了《全国基本建设工作会议汇报提纲》，正式宣布中国将实施住房商品化政策。资料显示，1978 年，中国城镇和农村的人均住房面积分别为 6.7 平方米和 8.1 平方米，到 2020 年，这两项数据已升至 38.6 平方米和 46.8 平方米……

本书主人公骆宗明老人，2022 年已经八十多岁。在战火弥漫的年代出生，在美好富足的新时代颐养晚年，骆宗明老人的一生经历了几次建房和购房。这些事情，有些成为他内心深处抹不掉的印痕，有些则清晰地记录在了他的家庭档案之中。翻看他那厚厚的家庭档案，一些有关住房的文字赫然醒目，在这些文字中，一个中国普通家庭的数十年变迁史也渐渐浮出水面。

滴水映射大海的壮观。一个家庭的变迁史，何尝不是一个国家的发展史？

接下来，我们不妨走进骆宗明老人的档案世界，去聆听一个中国普通家庭有关住房和家的故事。

《从四世同堂到安居乐业》文章照片

◎战火中被烧坏的大门

我叫骆宗明，1941 年 3 月出生在河北省滦州市港北村。滦州市原为滦县，2018 年撤县改市。港北村不大，我出生时只有两条半街道，80 多户，六七百口人。现在的港北村，有 495 户，总人口 1692 人，人均年收入超万元。

港北村的"港"字，当地老辈人读"jiǎng"，而不念"gǎng"。"骆"字在本地读"lào"而不念"luò"，骆姓多年来以"lào"音为习惯。

其实，我的祖上并非滦州人。

具体到何年何月已经记不清了，只知道，我的曾祖父一辈人，从东北逃生到这里。当时，因为是外来户，我们家中没有田地，曾祖父和祖父都以扛活为生。祖父扛活 24 年，后来在南庄村落户。父亲是祖父的长子，也是当时家里的顶梁柱，和奶奶一起撑起这个家。我有四个姑姑，一个叔叔。8 岁那年，我的父亲把祖父的骨灰迁至村北，立新坟树祖为宗。

一间半的茅草屋，就是当时我的家。

茅草屋什么时候建的，我并不知道，只知道我出生在那里，我的几个哥哥也都在那里出生。

从记事起，我就发现家里两扇门的上半截，有一个黑黑的大圆窟窿。7 岁那年的一天，我好奇地问母亲：

"咱家的大门为啥被烧了个大黑洞,用手去扣往下掉黑粉?"母亲噙着泪花告诉我,这个大窟窿是1942年日本鬼子烧的。

母亲给我讲述了当时的情景。

1942年,这一年的10月29日,阴历九月二十,滦县老站的日本鬼子、特务数百人包围了港北村,把全村的男女老少都圈到村中井沿西。四周都是枪口和刺刀,人们拥挤着跪坐成一片,母亲抱着我也在人群当中。

一个日本人拿着一条大皮鞭向人群抽打,母亲和我挨了三鞭子,母亲怕我哭出声来引起鬼子注意,便捂住了我的嘴。后来,特务把当时八路军的办事员高清指认出来。他被日本鬼子捆绑,倒吊在张瑞家门口的大槐树上,点燃了脑袋底下堆放的谷草。大火随风而起,越来越大,一会儿,连声惨叫,随着燃烧的响声和呛人的焦煳味儿,高清被活活烧死,人高马大的一个人,最后缩得只剩下二尺长。

那棵大槐树,正对着我家大门,相隔也就一丈多远。火苗借着风势,把我家大门烧出了一个大窟窿。这棵足有成人一抱粗的大树,全身黑色,树枝光秃,似乎在控诉着日本鬼子惨绝人寰的杀人史……

母亲讲的这件事,与著名的"港北惨案"有关,母亲和我的经历,只不过是"港北惨案"的冰山一角。

《滦县革命斗争史料选编》第二辑《港北惨案》一文记载：1938年7月6日，轰轰烈烈的冀东人民抗日武装大起义（又称冀东暴动）在港北打响了第一枪，中共滦县县委领导的抗日联军第五总队在港北诞生。此后，港北便成为抗日活动的根据地。1942年初，村里又组建了青年武装报国队，在极其艰苦的环境中坚持着抗日斗争。

> **1938年9月1日，中共中央与中共北方局致电抗日联军的电文：**
>
> 望你们继续巩固团结，集中注意力打破敌人对你们的进攻，扩大与巩固部队，武装与组织民众，建立冀东抗日政权，肃清汉奸，扩大与巩固你们的胜利，为驱逐日寇，建立独立、自由、幸福的新中国而奋斗到底。

由于上述原因，日本侵略者对港北恨之入骨，视之为眼中钉、肉中刺。敌伪称港北一带村庄为"匪区"，必欲除之而后快。终于在1942年四五次"治安强化"运动中洗劫了港北，先后在年内5次杀害25人，烧毁民房300余间……

我6岁那年，家里的茅草屋遭遇大火，我们没了房子，只好借住到别人家。

1948年夏天，我家由贫协会主持分得本村地主的一间半正房，我们终于有了自己的房子，全家高高兴兴搬到那儿去住了。1949年中华人民共和国成立了，中国人民从此站起来了。

从二十二中毕业后的1959年8月1日，我手持县文教局的派令，带着行李，步入社会的第一站——

图为港北起义纪念碑，位于港北村的东南方，1988 年 7 月建立（拍摄者　张佳）

店坨小学。

我在店坨小学任教时间不长，就赶上了三年困难时期。

当时，我们和全国人民一样，日子过得都很紧巴。那时候，校长带领我们一起在村里吃食堂，每月向村里上交 26 斤的粮票。为了同我们的国家一起渡过难关，什么瓜菜代、花生皮、玉米皮淀粉、冻萝卜等，我们都吃，用草籽、树皮、野菜等充饥是常事。印象最深刻的要数吃草籽。草籽经过簸筛后在石碾上碾压，蒸熟后的草籽面，吃起来在口中沙沙作响，难以下咽。

1960 年 8 月 26 日，我的母亲因病去世。两个兄嫂分家另过，我父亲在孤独中为我寻找对象，盼我早日成家立业。

大嫂为媒，给我介绍了其嫂的外甥女李秀芹。1961 年 12 月 24 日，农历十一月十七，我们办了婚礼。

因为家境贫寒，婚礼办得极其简单。怎么说呢，新婚之夜的棉被是从别人家借的，当晚只是当了个摆式，盖的依旧是我考上滦州一中时的那个花被；棉衣袖漏着棉花，婚裤是妻子用条绒布料现做的；脸盆是托县委宣传部的朋友从城里买的……甚至，我们连一张结婚照片都没有，这也算是一种遗憾吧。

妻子李秀芹不识字，但她通情达理，勤奋善良，为人厚道，朴实大方。妻子思想积极，时刻要求进步，1961 年 2 月 3 日，在我们结婚之前便加入了党组织。

耿家明逐年大事记

1　1949.7.　　在港北屯枫杆耿家老房上学

2　1953.7　　初小毕业

3　1955.8　　在耿东北小学高小班毕业。

4　1956.7　　在西小学复课一年、

5　1958.8　　考入深北一中上学两年、转22中上初师一年。

6△　1959.8.1.　一中初师毕业分配港北十莘坊教

7　1959.11.10　在22中办的团组织、宣桩师、康玉凤介绍。

8　1959.8　　在22中评为绣路英雄。

9　1960.8.26　母亲去世（52岁）旧历7月初五生。

10　1961.1.7　在店地小学评为模范教师（瓢笔）彭玉和

11　1961.秋　在盐小评为三秋模范　（日记本 奖证）赵永

12　1961.12.24　结婚（旧历11月17日）

13　1962.11.17　祖母 吗风去世（1874年生）83岁。

14△　1963.2.18.　湖东北招七学任教（张成权）

15　1963.4.10.　在我小评为模范少年队辅导员（日记本）

16　1964.11.28.　教小评为出席 辅导员　（奖证 日记本）

17　1964.11　去唐山市参加团代表。

18　1964年2.3.　考试在左家沟初中考、介绍人：李凤山、于东明

19　1964年.11.　唐玉生娃次女之事　（1962.9生）。

20　1965年.4.5.　新房建成、（花现12002. 料800斤）
　　　　　　　　　由凑王岁、高春兴二位老人操办。

21　1965.4.1　搬新家。（在我木匠供销社买水桶一付）

22　1965.7.27.　民团委组织、去北京参观十大建筑、邓伯回来。

1

我为什么要说这些呢？想来，正是组织的培养和思想上的进步，才让我们拥有和始终保持着良好的家风，进而影响到我们的孩子。

1963年2月，我调入糯米庄小学任教。

美好的生活是每个人的追求，我们自然也不例外。成家了，我们也有了盖新房的打算。怎么说呢，持家过日子，有了房子才算家。但那时候的日子过得紧巴巴的，哪有那么多钱啊，大都是借的。至今记忆犹新的是，我骑着自行车，到40多里地外的大姨家借钱。天底下最难的事情之一，莫过于求人借钱了，即使是亲戚朋友也不例外。去的时候，我就发愁，一路上盘算着该怎么开口。好在，大姨通情达理，没费多大周折就借给我100块钱。那时，我一个月工资才26.5元，现在回想起来，这100块钱，大姨真是慷慨相助了。后来，我攒了八九年钱，才把借的钱还上。

1965年春，我们盘算已久的盖房计划正式实施了。

我为了不耽搁学校的工作，就找村里人帮忙。那时候盖房，大多都是土坯房。土坯房就是用泥土为墙的房子，墙的内外材料用的都是泥土。这种房子，虽说材料远没有如今的讲究，但取材方便，价格低廉，尤其在保温、保湿方面，效果相当好。

盖房伊始，就不太顺利。怎么说呢，开始时用坯斗子摔坯，刚刚脱坯，夜里就遭遇了倾盆大雨。一场大雨下来，摔好的土坯全被浇成了烂泥。没办法，只好又重新摔坯。单这一件小事，就可以想象出当时盖房的艰难。

其余材料大多也都是亲戚们支持的。

老叔给买的椽子和檩条，21根檩条全是水曲柳的。过梁是妻姥爷家的槐树，因长度不够，接上扛墙，四根全是墙顶梁。妻姨家给找的木工和泥瓦匠。粮食全是从丈人家拿来的糜子米——现在很少有这种米了。

盖房的事情主要由我妻姨和妻姨夫操持，亲戚、家人和请来帮忙的木工、泥瓦匠，二三十人一起动手，前前后后花费了一个月时间。这中间，因为着急住，垒得快，垒的时候需要和泥，泥水把坯沏湿，坎墙塌了两次。

终于，我们拥有了真正属于自己的三间土坯房和两间厢房。4月5日建成，11号房子还没干，我们就搬进了新房。建房的这一个月时间里，总共吃了800斤粮食，花了1200块钱。

土坯房虽然简陋，却是我们一家人的避风港，记录着我们一家人数十年的生活印痕。

1975年8月22日，在院内打了压水井，吃水再也不用挑水了，把肩膀解放了出来。

1976年，唐山发生7.8级大地震。当时，我已经不在学校任职。1974年，我在任教15年后转成国家公务员，经古马公社党委申报、县委组织部下调令，担任古马公社秘书。地震发生时，我和公社书记正在

小红本上记录下：1965 年搬进了新建的土坯房

单位住宿。地震发生后，停水停电，通信中断，我们只好摸黑骑着自行车逐村察看。

天灾无情，我们忙得团团转，根本顾不上问及家里情况。晚上，我才趁机回家一趟，得知叔叔和侄女遇难了。我连夜又赶去距离 18 里地的岳父家看望，得知妻叔也因地震去世。我们村的房屋也倒塌严重，我家的房虽没有全塌，但房顶严重裂开，前后山墙震坏，露出明柱。后来经过仔细维修、加固，才又可以入住。

改革开放后的十几个年头，我们都住在里面。

直到现在，每次想起几间土坯房以及在土坯房里度过的日子，我的心里就五味杂陈。

从新中国成立到现在，我国的城镇住房制度经历了波澜壮阔的变革，其演变轨迹与中国经济发展和社会民生的探索之路密不可分，其转型轨道也对经济和社会产生了直接影响。

在此，不妨将骆宗明老人的故事按下暂停键，让我们共同来梳理关于住房制度变迁的脉络。

新中国成立初期，经济建设采取指令性计划经济模式，基本经济资源实行国有制，住房也不例外，这就是所谓的私房公有化。当时，住房来源只能依靠统筹安排现有住房，或者合理分配新建住房。1949 年 8 月 12 日，《人民日报》刊发文章指出："应当把所有城市房屋看作社会的财产，加以适当的监护。这样才能使城市房屋日渐增多，人民的居住不发生困难，给将来社会主义的房屋公共所有权制度创造有利条件。"

1955 年，我们国家对机关工作人员由供给制改为薪金制，对公有住房实行低租金的过渡办法，也就是从那时起，我国初步建立起低租金的福利住房供给制度。

进入 70 年代，随着经济发展的变化，我们国家的住房制度也随之变化。1978 年 9 月，邓小平同志指出："解决住房问题能不能路子宽些，譬如允许私人建房或者私建公助，分期付款，把个人手中的钱动员出来，国家解决材料，这方面潜力不小。"

从 70 年代末到 80 年代末，十余年时间里，我国的住房制度改革进行了多次实践和探索：1979 年，在西安、柳州、梧州、南宁试点，由政府出资建房并以土建成本价格向居民出售；1980 年 6 月，中共中央和国务院批转《全国基本建设工作会议汇报提纲》，正式提出实行住房商品化制度；1980 年 10 月到 1981 年，全价出售政策向全国铺开；1982 年，探索实施"三三制"补贴售房，即政府、企业和个人分别承担房屋售价的 1/3，但由于政府及单位财政压力过大，该政策没能得以持续；1986 年 3 月，城乡建设环境保护部发布了《关于城镇公房补贴出售试点问题的通知》，重新提出全价出售公房以及售价标准。

进入 90 年代，"住宅作为个人消费品可以成为私有财产，可以买卖"的共识已经达成。为进一步配合住房改革顺利进行，国务院于 1988 年初召开了第一次全国住房制度改革工作会议。同年 2 月 25 日，我国第一个关于房改的法规性文件出台，正式将住房福利制度改革纳入中国改革开放的大规划。

1997 年，亚洲金融危机波及我国。为了应对危机，扩大内需，中央计划将房地产业培育成新的经济增长点。1998 年 7 月 3 日，下发的《国务院关于进一步深化城镇住房制度改革加快住房建设的通知》，宣布住房实物分配制度彻底终止，中国住房进入全新的市场化时代。

进入新世纪，商品房价格飞速上涨，中低收入者的住房困难问题越来越严重。2007 年 8 月 13 日，国务院发布的《关于解决城市低收入家庭住房困难的若干意见》，把对城市低收入家庭的住房保障正式提升为住房政策的主要内容，至此，我国住房保障制度的重心由经济适用住房转向廉租住房，形成了保障与市场相并列的格局。

之后数年中，一系列与住房保障工作相关的政策相继出台，在增加保障房建设，扩大保障覆盖率的同时，也完善并优化了保障房供应结构。2013 年 12 月 2 日，住房和城乡建设部、财政部、国家发展改革委发布《关于公共租赁住房和廉租住房并轨运行的通知》，要求各地公共租赁住房和廉租住房并轨运行，并轨后统称为公共租赁住房。

真正全面提出新阶段住房发展新思路与新目标的是十九大报告。"坚持房子是用来住的、不是用来炒的定位，加快建立多主体供给、多渠道保障、租购并举的住房制度，让全体人民住有所居。"其中，"房住不炒"是继 2016 年底中央经济工作会议提出之后再次郑重强调的一个概念。"让全体人民住有所居"作为新阶段住房事业发展的目标，体现了"住有所居"既是人民美好生活的根基和民生建设的基石，也是全面建成小康社会的必然要求。

滦州新城自强里的"北京平"的产权证及移交协议手续

◎拥挤的瓦房

骆宗明：

那是 1989 年 7 月，我从古马公社调到坨子头工委工作，任秘书一职，后任办事处副主任。1992 年，我家购置了工委大院两间房的地和一间车棚，盖了三间瓦房，为防止漏水，房顶上面铺上油毡，油毡上铺上瓦，虽然简陋，但可以栖身。为了盖房，从亲戚朋友那里还借了几千块钱。

那时候，父亲尚且健在，我们四世同堂 14 口人住在一起。那是我家人口最为稠密的一段时期，为了缓解这个问题，我们又盖了 2 间厢房和倒座。

父亲在三个儿子家轮换住，该我家时，住在套间里。我和妻子住东屋，三女儿一家住西屋，大闺女一家住倒座，二女儿一家住厢房，四女儿在滦县一中上学。那时人多，房子简陋，也没什么装饰，家中唯一的家具是一个红色长板柜，里面放着妻子给孩子们做的衣服、布头等。

大女儿骆艳红：

当时，我们住的倒座也就 10 平方米左右，仅能放下一张床，任何家具都没有。冬天，生一个"瘟了器"取暖，"瘟了器"是当地方言，就是铁炉子，带一个白铁皮长烟筒。我们在县城上班，只好住在娘家。

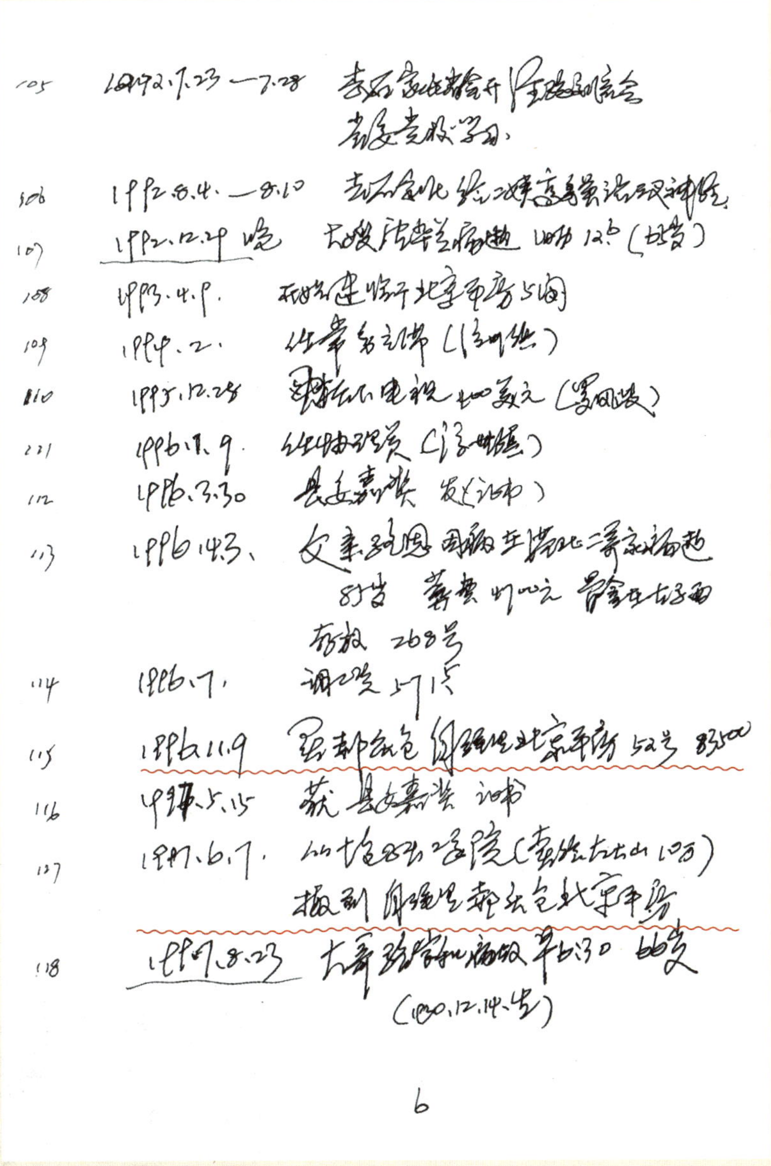

105 1992.7.23—7.28 [illegible]

106 1992.8.4—8.10 [illegible]

107 1992.12.29 晚 [illegible]

108 1993.4.9. [illegible]

109 1994.2. [illegible]

110 1995.12.28 [illegible]

111 1996.1.9. [illegible]

112 1996.3.30 [illegible]

113 1996.4.3、 [illegible] 83岁 [illegible] 268号

114 1996.7. [illegible]

115 1996.11.9 [illegible] 52号 83500

116 1997.5.15 [illegible]

117 1997.6.7. [illegible]

118 1997.8.23 [illegible]（1930.12.14.生）

6

房产交易记录

虽说房子简陋，人多住得又那么紧密，但里面却浓缩着我们一家人生活的点滴和浓浓的爱意。

骆宗明：

当时，两个外孙女一个 2 岁，一个 3 岁，还不懂事，连滚带爬的，那时老伴最忙最累，因为我们都上班，家中事务都由她一个人操持。她除了照看三个孩子，还得做一大家子的饭。做饭时，因为锅在外面，她怕两个小孩子掉下炕，就给她们两个腰里拴上绳子，系到窗户框上，让 7 岁的大外孙看着，怕磕着，又怕绳子勒着或缠着。

闺女们、姑爷们、孩子们都在我家吃饭。早晨，老伴做满满当当一大瓷盆玉米粥，一会儿就吃光了。

家里虽小，也显得拥挤，但一家人十几口子在一起也很热闹,每天都热火朝天的。

工委大院的房距离 205 国道不过十五六米。我和闺女们、姑爷们上班以及孩子们上学的地方都在国道对面，每天都得穿越大马路。国道车流量非常大，尤其跑运输的大货车特别多，有时过马路得等半天，孩子们更不安全。有两次，我骑车子过马路时，车从我身边擦过，险些发生车祸。因为这，我决定卖掉这里的房子。

两个外孙女

◎安逸的四合院

1993年7月之后，我的任职年龄已到，退居二线，组织上给我安排了镇人大主席和协理员等职务。随着工作压力的渐渐减小，我有了更多的时间去经营我们的家。

1996年，我们花了83500元在滦州新城的自强里买了现在的这处四合院式的4间"北京平"。这套四合院建于1989年，原房主在这里住了8年。整套院落，南北跨院，南有小倒座，房屋为砖混结构，上下圈梁，外墙刷石灰，冬暖夏凉，既美观大方又结实防震。

1997年，我们卖掉了工委大院的房子，搬到自强里。

太阳升升落落，日子黑黑白白。我们在这套四合院里幸福地生活着，日子越过越好：

1998年11月，我们家安装了暖气片；

1999年6月，安装了太阳能；

2001年5月，刷墙、换门窗、装纱窗；

2002年10月，装暖气，重新装修卫生间和厨房；

2003年6月，东屋安装了空调；

2003年10月，买了冰箱；

2009年4月，做了保温房顶；

2011年2月，买了一台冰柜；

2012年3月，西屋搭建了前雨檐；

……

136	2001. 5. 25	刷墙、味道 婚庆
137	2001. 7. 4	
138	2004. 7. 11	西纱窗 968.3元
139	7. 18	陈锐风谈话
140	2001. 7. 19	
141	2001. 9. 10	1180.9元
142	2001. 10. 16	(下午 8:30) (3:40)
143	2002. 8. 13.	
144	2002. 1. 20	1263元
145	2002. 7. 12.	
146	2002. 10.	500元
147	2002. 12. 1	
148	2003. 6. 20	2300元
149	2003. 8.	
150	2003. 10	1150元
151	2004. 1.	1383元
152	2004. 8.	
153	2004. 9	900元
154	2004.	

8

家庭装修记录

在"北京平"的院落里，我家四个闺女的四个孩子，两个外孙、两个外孙女，都是在这里由老伴一手拉扯大的。她做给他们吃、做给他们穿，四个孩子从生下来到上大学，一直都跟我们住一起。老伴最辛苦也最能干，每天都为这个家忙碌，她虽没上过一天学，但干啥啥中。

大女儿骆艳红：

我是 1999 年底，响应上级号召，报名参加支教工作。从 2000 年 2 月到 2001 年 7 月，我到滦县与迁安市交界的油榨希望小学支教，在那里工作了一段时间。由于路途遥远，近 60 里地，约每两周回家一次。我儿子由我母亲照顾，在自强里的房子里吃住，孩子父亲或我爸爸接送孩子上下学。我走时，儿子上小学四年级，回来时已是六年级的学生了。虽然我不在孩子身边，但我父母亲把孩子照顾得特别好，孩子也很懂事，和弟弟妹妹们相处得很融洽，几个孩子一起吃住，一起玩，一起写作业……正是因为有了父母的全力支持，我的支教工作才没有了后顾之忧。

到骆宗明老人家采访，一走进他们家的"北京平"，我们便被这里的朴实、雅致和繁盛的花木所吸引。

房前屋后，核桃树、香椿树、枣树、柿子树，三三两两，高高矮矮。院子里，迎春花、蔷薇、牡丹、凌霄，或花开正盛，或盘根错节，或虬枝粗大，或藤蔓爬墙。除了这些沁人心脾的花花草草，南北两院，各留了菜地，南院菜地里，栽植韭菜、油麦菜、小白菜、生菜、丝瓜、佛手、小葫芦等。北院的菜地则留来种豆角、南瓜等。室内又是另一番景致，蟹爪兰、倒挂金钟、长寿花、绣球花、茶花、三角梅、天竺葵、绿萝、吊兰，绿意盎然，生机勃勃，花香满屋，姹紫嫣红。

朴素的院落，一派繁华与生机！

简单的居所，一番热闹与幸福！

说起现在的住处，骆宗明老人乐此不疲地打开了话匣子："我和老伴不用操心孩子们的事了，每天侍弄侍弄院子里的花花、菜菜，既美化了家园，也愉悦了心情。每年啊，柿子能结三四百个，枣也能打几十斤，这些果实摘下来后，我们每年都送给左邻右舍和亲朋好友。"

骆宗明特别喜欢自家的小院。为此，他还专门写了一首诗，来赞扬自家的生机小院。

出门就见绿，墙上半年花。

院内瓜果菜，室内四季花。

花果飘香的小院

诗《赞"四合院"》

风风雨雨一辈子，日子如水，哗啦啦就这么流过来了。骆宗明一家从茅草屋到土坯房，从瓦房到"北京平"，再到四个闺女都住上了楼房，日子越过越好，这些都与国家的发展和富强分不开，他发自肺腑地感谢伟大的共产党！

新时代的今天，随着我国住房短缺矛盾逐步得到解决，人民群众对住房的需求已经从"有没有"转向"好不好"。

2022 年 10 月 16 日，中国共产党第二十次全国代表大会在北京隆重召开。在习近平总书记所作党的二十大报告中，再次提出坚持房子是用来住的、不是用来炒的定位。这表明我国在住房领域将继续保持政策定力，将更好增进民生福祉，提高人民居住生活品质，更好满足人民对住有所居的美好生活需要。

李秀芹接话道："……现在多好，吃得好，出门方便，过着太平日子，想干啥就干啥，想去哪就去哪，还得感谢共产党，感谢国家呀！"

第二章

行之账

从徒步单车到自驾便乘

行之账

从徒步单车到自驾便乘

　　行，人之步趋也。从蹒跚学步到依杖而行，人的一生何尝不是在一步又一步的行走中绘就相似却又不同的精彩？

　　无论是人生之路，抑或是现实的脚下的路，或平整坦途，或荆棘密布，或起伏弯曲，或宽窄相映。

　　某种程度上讲，路的质量决定着行走的速度。但这不是绝对的。与行走关系最为密切的，莫过于人们所依赖的交通工具了。常言道，千里之行，始于足下。话虽说的是做事的坚持之道，但也道出了徒步作为人类最基础的出行方式，是在某种特定环境下的无奈之举。

　　在战胜苦难、面对生活的道路上，人类从来不缺少智慧。正因为如此，才衍生出了后来的各种交通工具。

　　季节在行走，星月在行走，历史的脚步更是铿锵向前。从新中国成立到现在的新时代，数十年征程，交通工具的变化，映射着历史的印痕，反映着国家的发展。今天，各种交通工具给我们的日常带来巨大的便捷。多元化的交通方式，也让人们的记忆不再拘泥于"踏破铁鞋"，也不再拘泥于牛马拉着的硬板车。自然，中国交通工具的变迁，很难用一个词语、一句话来概括，那么，就让我们跟随骆宗明夫妇的记忆，去看看不同年代人们的交通出行，在回忆中感受祖国的伟大变迁吧！

◎最忠实的交通工具

老人的背影再次出现在我们眼前。年过八旬，他步履缓慢却又坚定，伴随着双脚的移动，宽厚的身影像一座移动的大山。饱经生活磨砺与岁月沧桑的他也的确如此。数十个春秋更迭与雨雪交替中，老人用步伐，把我们带进历史，骆宗明老人的故事就此开始了……

上小学、初中那个年月，走着去上学几乎是我们的"标配"。

其实，在当时来说，全国农村的孩子们也都是如此。

1956年7月的一天，我正在花生地里拔草，天气很热，身上出了很多汗。我们村的一个人到地里来给我送录取通知书，原来，我考上了滦县一中，而且，是我们村那年唯一一个考上滦县一中的。当时，滦县一中是滦县的最高学府，能够在那里上学，是很光荣的事情。拿到录取通知书，我看了又看，高兴得跳了起来，然后，拿着录取通知书一路狂奔回到家中……

上滦县一中时，从我们家到学校20多里地，两周回家一次，我都是走着回家，再走着返回学校。我在滦县一中读了两年书，连接学校与家的路，我也同样走了两年。

当时，去学校上学的同学，有家长赶着牛车送的，有少数骑自行车的，大部分都是步行。说起来，双脚的确是我们最忠实的交通工具，也是当时最无奈的选择。

小红本上的上学记录

老伴李秀芹：

那时候的我们，出行基本上就靠双脚，无论是下地干活、走亲戚、赶集，还是开会，都是走着去。偶尔，骑驴或坐牛车。

我从十几岁的时候，就独自一人骑着我们家的驴去姥姥家。姥姥家在滦县的曹北店子村，距离我家有15里地。出门前，爸爸牵着驴，我踩着石头上到驴背上，自己拽着驴的缰绳，骑上驴就走。我家的驴是头老驴，很老实，也温顺，一路上载着我稳稳当当的，一路上也不下来。现在想起来，一路骑着驴东张张西望望游山观景的感觉还是挺好的。

我十八九岁时，在庄里当妇联主任，去商家林、铁局寨或塔坨开会，都是步行，要走20来里地，来回40来里地。

挖夷齐庙大河，需人工开凿，庄里年轻人都出动了。当时，几个人一起坐生产队的牛车去，一路上说说笑笑。老牛走得慢，走了多半天才到目的地。有人在河床挖土，需把挖出的土抬走。干活时，男女搭配，两人合抬一个大筐，装满一筐抬走一筐，一筐接一筐地抬，一天不知道抬了多少筐。肩膀压破了，每天累得腰酸背痛，最痛的是肩膀，尽管这样，我还是坚持了一个多月。直到现在，我肩膀上的勒痕还在……

◎第一辆自行车

改革开放后，人民生活有所好转，手里有了点钱了，1979年，我买了人生第一辆属于自己的自行车，飞鸽牌的。

我对那辆自行车特别爱惜，每次回到家都要好好擦一遍，擦干净了才放好。因为爱惜，这辆自行车骑了两年多也不显旧。要是遇到天气不好的时候，我宁可走着也不骑车，生怕把车子弄脏了……

1980年，我大闺女考上了滦县一中，回家时，我有时骑着自行车去接她，更多的时候，是她和同学搭帮走着回家，再走着回去。

我经历的交通出行方式，由两条腿、驴马、手推车、铁瓦车、胶轮车，到后来的手扶拖拉机，运输车有了卡车、半挂等。现在，四个闺女家都有轿车，三闺女家还有两辆轿车。火车、地铁、高铁、飞机等，出行都太方便啦。说起交通出行的方便，老伴李秀芹接话道："现在社会是忒好呀！我们是苦时候赶上咧，好时候也赶上咧。现在多好，吃得好，出门方便，过着太平日子，想干啥就干啥，想去哪就去哪，还得感谢共产党，感谢国家呀！"

骆宗明购买的第一辆自行车

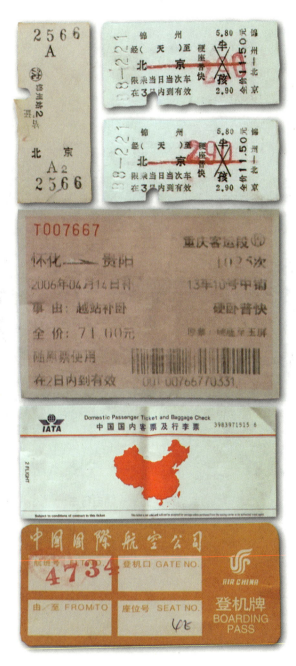

骆宗明收藏的火车票、机票

一段历史有一段历史的标签，一个时代有一个时代的印记。从新中国成立到现在，梳理社会进步的千丝万缕，交通工具的变迁，无疑具有典型代表性。

40后、50后那一代人，出行最普遍的交通工具无疑是"双脚"。那代人，或生活在新中国成立之前的黑暗里，或生活在新中国成立之初的百废待兴中，人们的内心充满了对新中国的无限期待，单一的交通工具，使得人们在战火纷飞与冰雪消融里磨炼出坚强的毅力，路途虽然遥远，但只要双脚不停歇，终会到达目的地。

1950年7月5日，我国自行设计、生产的第一辆飞鸽自行车诞生，并在8月份接受了毛主席的检阅。随后，永久和凤凰等品牌也相继诞生。进入70年代，自行车已然成为人们最普遍的交通工具，中国也被称为"自行车王国"。为给国庆献礼，1979年4月，嘉陵誓要用5个月时间造出第一台属于国人的摩托车样车。这款被命名为CJ50型的嘉陵摩托车，车重100斤，时速六七十公里。当年国庆，5辆嘉陵CJ50型摩托车在天安门广场绕场骑行，引起极大轰动。

20世纪90年代，在中国客车空调化和中国铁路大提速之前，"绿皮车"是中国旅客列车的标准外形，其中以22型系列客车生产量最大，最具代表性。随着中国铁路的大提速，进行了铁路客车车辆更新、升级，淘汰了一批"绿皮车"，"绿皮车"逐渐被运行速度更快、设施更先进的空调客车替代。

在新旧世纪之交的2000年，中国汽车市场需求出现了暴涨，尤其是十万元起步的家用轿车市场井喷，故这一特定历史阶段被定义为"中国家轿元年"。

创新是引领交通运输事业发展的第一动力。2007 年 4 月 18 日 5 时 38 分，时速可达 200 千米的"和谐号"动车组 D460 次列车从上海站出发驶往苏州。这是中国第一列正式开行的动车组，也拉开了全国铁路第六次大面积提速的序幕。2008 年 8 月 1 日，京津城际铁路正式通车运营。这是中国首条高速铁路客运专线，是中国进入高铁时代的标志，也是中国第一条具有完全自主知识产权的高铁……在寒冬的东北大地上，一组组复兴号列车在铁路线上满载温暖高速前行；在雪域高原上，复兴号飞驰而过，这标志着中国高铁在高速、高原、高寒等铁路技术领域实现了新突破，成为我国自主创新的成功范例。

毋庸置疑，新中国成立以来，中国人民的出行方式一直在发生着改变，这与国家的发展密不可分。尤其改革开放以来，中国人民的出行方式发生了巨变。作为国民经济的"大动脉"，我国的交通运输行业发展成绩斐然，创造了举世瞩目的"中国模式"，各种运输方式都实现了快速发展，高速铁路、高速公路、城市轨道运营里程以及港口万吨级泊位数量等均位居世界第一，机场数量、管道里程位居世界前列。

不断更替的交通工具，成为社会主义现代化建设的重要支撑，也被一代又一代人珍藏在记忆里，成为时代的符号。

◎一份简报里藏着的故事

说起交通工具的变化，骆宗明老人似乎想到了什么。他翻阅珍藏的一些资料——那是他退休后发挥余热，任职滦州镇老干部协会期间编发的一期简报，里面是骆宗明老人的一位同龄好友的叙述，为我们更为深入了解过往的一段历史提供了另一个侧面的信息……

我叫何汝民，生于 1942 年，家在滦州市东安各庄镇西樊各庄村。

刚刚成立的新中国百废待兴，交通十分落后，尤其是偏远的农村地区。

解放前家乡的道路一般有两种：

一种是大道。所谓大道，就是大车走的道，连两侧赶车人走的路在内宽约两米半，是人们春天送粪、秋天拉庄稼、走亲访友的大车走的。大道一般与邻村相通。

大车道年久失修，拉秋翻车的事年年都有，不伤到人就是万幸，坐大车走亲访友伤人的事也有。

1952 年，对门刘大爷赶车拉孩子和妻子去岳父家。回来时因车道坡度大，翻车压死了妻子。刘大爷哭得死去活来，后来变得少言寡语，有时甚至痴呆。

的孩子都能使役；适应性强，种地、拉车、轧碾、拉磨、人

夕阳红简报

滦城办老干部工作室　第九期　（总131期）　2021年10月15日

☆

"我看建党百年新成就"撰稿选登

　　按照省、市委老干部局的部署和安排，我们滦城街道老同志积极参与，大家通过专题回忆、调研、在学习日上交流，"光荣在党五十年"荣誉获得者人人讲体会、个个做总结，把自己的切身体会，把对党的无限热爱讲出来。让老同志、老党员结合自己的工作阅历和人生经历，抒发爱党、爱国、爱家乡、爱职业的家国情怀，讲述他们不忘初心，为党的事业努力奋斗的宝贵精神。

　　党支部为大家搭建学习交流平台，创造良好的活动方式。回顾自身的奋斗历史，谈真实变化、讲真实感受、说真实情景。当老退役军人讲述在战斗中英勇奋斗的故事时，大家无不感动。从不同角度感悟党的百年历史成就来之不易，有很多老同志用回忆对比的方法，阐述个人的小家庭之情铸就国家大爱，用撰写个人的亲身经历之笔述说我党百年的时代变迁。

　　今天我先选何汝民同志的一篇文章，题目是：

家乡交通运输的变迁

　　我生于1942年，老家在滦州市东安各庄镇西樊各庄村。刚刚成立的新中国百废待兴，交通十分落后，尤其是偏僻农村。

1

《夕阳红简报》

另外一种是小路。小路在庄稼地里，宽约半米，只容一人走，行人稀少，只有邻村唱"莲花落"或看电影时走的人多一些。所以小路似有非有。行人自觉不踩禾苗，种的庄稼也能长，不过长得矮小。

　　1954年，我考上杨家沟完全小学。学校离家十里远，每天一个往返，其中有约三里沙滩路。行人走一步缩半步。一天放学回家，天快黑了，为了躲开沙滩路，我们四个同学从小路鱼贯而行。突然一个同学大声说："狼！"我们急忙朝他指的方向望去，一里外的土坡上，三只大狼正朝着我们张望，大家毛骨悚然，一直跑了两里多路才停下来喘气。

　　家乡的畜力是驴和牛。因为它们对饲草不挑剔，主人喂啥吃啥；抗病力强，很少闹病；老实温顺，妇女和十五六岁的孩子都能使役；适应性强，种地、拉车、轧碾、拉磨、人骑均可。

　　1951年夏，母亲去姨家，缠足小脚无法走十多里路，正好骑自家的毛驴。回家的路上，驴掠道，吃路边的庄稼，母亲束手无策，哀求说："好好走吧，天快黑了，到家喂你好草料。"老驴像听懂了女主人的话，顺小路一直走回家，竟再没吃一口路边的庄稼。母亲把炒熟擀细准备做"驴打滚儿"的豆面，拌到铡细的草里，让驴吃个够。1954年家里无钱买粮，忍痛卖了听话的老驴。

家在农村的医生外出行医，就骑一头小毛驴。病人家属去外村请先生看病，牵一头驴，回来时先生骑驴自己走。一个人外出办事，路较远的也是骑驴。

人们养牛的目的是种地拉车。虽然牛走得慢，一小时只能走五六里，但笨劲大，耐力强，吃饱喝足，拉半天套仍无疲惫的样子。

家里既无车又无牛驴的，无论干什么都得"大步量"。1955年夏，我考上滦县二中，报到前到五里外的无税庄乡长家拿户口，整整大半天时间，累得我满头大汗。

1956年春天，父亲起早步行二十五里，去滦县城里集市买薯秧。回到家大约九点钟，还要挑水去栽，赶黑栽完。

解放初，农村的交通工具就是大车，也叫铁瓦车，由车厢、车轴和两边的车轮组成。

车厢主要是由车杠和连接两根车杠的四根木撑组成，中后部钉几块盛放拉载东西的木板。车杠前半部安装驾辕牲畜套。硬杂木的车轴两端各固定一个车轮，车轮是内木毂，中木辐，外木辋，最外包铁瓦，车厢与车轴两端接触的地方各有一厚实的垫木，垫木的凹槽儿扣住车轴，牛拉车厢车轮转。为耐磨，在车轴两端与车厢垫木摩擦的地方，各嵌了几根铁骨（断面方形的长条铁）。为减小车厢垫木与车轴的摩擦力，使牲畜省些力气，以便提高行驶速度，赶车人要不断往车轴与车厢垫木摩擦的地方加油，方法是用油刷从下向上掸。所以，铁瓦车在车轮后的车厢上拴一个斗深带盖儿的油壶和一把油刷。大车的主要作用是春天送粪，秋天拉秋，载货量一千五百斤左右。

有车的人家都有牲畜，秋天把成熟的庄稼及时拉到场里晒打。无车的只好借。借闲不借忙，在车主人不用时赔笑脸儿，说好话儿借用一下。有的人家只养得起一头驴，平时轧碾、拉磨、赶集走亲方便，拉秋时也只好借车借牛。

其次是小推车，虽然装载少，推着费力气，但造价低廉，秋天小路也能走，无钱只好人吃苦，所以有些人家的秋就是靠小推车推回家的。土地少，既无车又无牲畜的，地里的粮食靠身背肩扛弄回家，秸秆和柴草就只好用扁担挑了。

公社化以后，父母所在的生产队只有两辆铁瓦车，入冬前还要为社员拉过冬烧炕的煤，只好节省开支又买了一辆。社员的口粮在场里打下拉到饲养处，分给各户，秸秆和柴草队里用大车拉到各家门口。

后来生产队新添了胶轮大车。胶轮车使用了轴承减小摩擦力，内胎充气减小了行走时产生的震动和颠簸。之后还买了一匹马。胶轮车送粪拉秋搞运输装载量大，一次可拉三千斤，牲畜还省力。以后就逐渐淘汰了铁瓦车。

1963 年，父亲和二叔合伙盖房，从乐亭买了旧木料，雇县运输队胶轮大车拉回家，只用了一天时间。

治理海河工程完成以后，各队用的小车归各队所有，人们叫它"宅海河车"，既可驴拉，也可人推。在农村生产队的零星运输和个人使用中都起了一定作用。

公社化初期，各村通往公社所在村的路在原来的基础上修直加宽。没多久，各村之间的路也逐渐修了起来。虽然修了路基，但是土路怎禁得起人踩、车轧、流水冲，不到两年便坑坑洼洼，勉强有其形而无其用了。后来公社监督各大队（村）拉来山皮土，趁雨后路湿铺上去，可以用一阵子。

有了较好的路，有条件的家庭买了自行车，大小事情出门方便了。随着市场的活跃，自行车的种类不断增加，其作用也被发挥得淋漓尽致。"大水管儿"车子一人可带八九百斤毛虾从一百多里外的乐亭骑到滦县最北端的集市——油榨，甚至到迁安境内各地，卖个好价钱。

我和妻子都做教育工作，全家五口人节衣缩食，用了近三年的时间，终于攒够 175 元，买了今生第一辆车——飞鸽自行车。全家十分高兴，去县里开会，回家看望二老，到各校去可以骑车了。

随着土地承包到户，分散经营，市场进一步活跃，已无拖拉机的用武之地，其运输功能得到进一步发挥。此时，它在交通运输方面功不可没。1983年暑假，因工作调动，我雇了响嘡公社的拖拉机，拖拉机的拖斗儿装上全家五口人和全部生活用具还绰绰有余。

改革开放以后，国家出资补助各村镇修路，人们也认清了"要想富，先修路"的道理。几年时间，各村镇之间修起了柏油路、水泥路，达到了村村通、村镇通、镇镇通、镇县通，逐渐与省道、国道相连，可谓四通八达。

农民进城打工或做买卖，或学得一门手艺……收入不断增加，很多家庭不但有了自行车，还买了摩托车。此时，三轮摩托承担了拉秋任务，而且轻松快捷。

拖拉机回农村种地秋收，除草农药的正确推广使用，使得农民再也不用贪黑起早，有了更多时间从事其他挣钱工作。随着收入的进一步增长，人们买了速度更快又环保的电动自行车、电动三轮车，各村都通了班车，每个村都有几辆出租小汽车，拉着人们去办事、旅游。

改革开放的步子越来越大，国家经济建设快速发展，农民外出打工的越来越多，人们的收入显著增加。生活真的像开花的芝麻节节高。生活富裕了，盖了新房，买了楼房，小汽车开进了寻常百姓家。

2010年，儿子买了第一辆小汽车，出门入户快捷舒适。孙子一天天长大，参加了工作，2020 年又买了第二辆小汽车。

节假日，我们全家到邻县或离家较近的北戴河、秦皇岛、唐山旅游。儿子、孙子换着开车，早饭后出发，一天玩个够，太阳还未下山就到家了，不起早，不贪黑。

2013 年暑假，孙子乘高铁到上海找表兄去玩儿，早晨出发，中午到达。

中国人民盼望已久的国产客运飞机已翱翔在祖国的天空。2021 年 7 月 20 日，时速 600 公里的高速磁浮交通系统已在青岛下线，不久磁浮列车将奔驰在祖国大地上。

变了，一切都变了！变得如此之快！过去不敢想的，如今都成了现实。

现在全国基本已形成立体交通网，天上飞的、地上跑的、水里游的，各种交通工具快捷安全地把人们送到祖国的四面八方。

今天，家乡发生了巨变。如今不再是"走在乡间的小路上"，而是漫步在宽阔的大道上；不再是出门大步量，而是抬脚水泥路，出门小汽车；不再是大车走过尘土飞扬，而是小汽车奔驰在绿树成荫的图画中。翻天覆地，今非昔比。这些变化正是中国共产党百年来不忘初心、牢记使命，为中国人民谋幸福，为中华民族谋复兴的历史见证。

新时代城市立体交通

交通先行，一通百通。相关数据显示，截至2022年底，中国铁路营业里程达到15.5万公里，其中高铁里程达到4.2万公里，建成世界上最大的高速铁路网；全国公路通车的里程为535万公里，其中高速公路通车里程为17.7万公里。广袤的神州大地上，四通八达的道路纵横交错，通乡达村。新建的农村公路更是促进了乡村振兴，带动了乡村产业与乡村旅游的快速发展……

交通，被认为是"中国现代化的开路先锋"。党的二十大报告强调，要加快交通强国建设，交通强国的基本内涵是"人民满意、保障有力、世界前列"。何谓"人民满意"？就是真正做到人民交通为人民、人民交通靠人民、人民交通由人民共享、人民交通让人民满意。如何做到位居"世界前列"？科技创新是有力支撑。

新中国的服装消费需求，经历了

从"做衣服"到"买衣服"

从能穿到耐穿

从好看到舒适得体

从呆板到个性

从单一到多元

第三章

衣之账

从捉襟见肘到锦衣华服

衣之账
从捉襟见肘到锦衣华服

　　提及人类生活的基本需要，人们常挂在嘴边的一个词就是衣食住行。

　　相较于吃、住、行，人们习惯性把"衣"排在首位。其实，这并非信口而来，或者是为了朗朗上口。"衣"字，古字形若上衣，后为衣服的总称，其引申义为覆盖或包在物体表面的东西。从引申义不难看出，覆盖与包裹，准确地表达了人类作为自然界唯一具有思想性的生命体的内核。由此可见，衣是什么？是脸面的维护，是身份的区别，更是保护尊严的第一道防线。

　　俗话说，人靠衣裳马靠鞍。自古以来，爱美之心人皆有之。服装除了保暖御寒，更是人们展现美、时尚与个性的重要载体。

　　新中国成立至今，物资日益丰富，服装也伴随着经济的发展和人民生活水平的提高变得绚丽多彩，从

一家人穿着的确良上衣合影

缝缝补补又三年到每季都有新衣服，从呆板到个性，从闭塞到开放，从单一到多元，从自家裁剪到网上"淘宝"……服装的变化讲述着中国如何从百废待兴到蒸蒸日上，服装的每一次变化，也代表着中国经济的发展和消费的升级。

无疑，服饰的变迁是一部历史，它以特殊的方式记录着时代的变迁、社会的发展和文明的进步。

◎新姑爷第一次去老泰山家

说起服装的变化，骆宗明的老伴最有发言权。在侃侃而谈中，李秀芹老人把我们的思绪带回到那个捉襟见肘的年月……

我们结婚时，他的母亲已经去世。两个哥哥也早就分了家，他和他的父亲一起过，家里穷得叮当响，又没人料理。家中有一个破柜子，其他就啥也没了。

我们结婚后，按当地的风俗，时兴四天回娘家，就是婚后的第四天，娘家人把新郎、新娘接回自己家。那时他没有一件像样的衣服和和一双好点的鞋子。

回娘家总不能破衣烂衫地回去呀，我就用我二姨家的布，给他做了条绒裤子。二姨家还有一块布，我就给他做制服袄，款式类似中山装，上面有两个小兜，下面有两个大兜。这样的上衣不好做，抠兜费事，为了赶制这件衣服，我一晚上都没睡觉，连剪带缝，在灯光昏暗的煤油灯下，一针一线赶制了一夜。

他的鞋子也破得不像样，但做鞋更费事，得先用面糊把几层破布粘一起，压平，热炕上烤干，才能纳鞋底。因为时间紧，我二姨帮忙给他弄鞋帮子，我夜里给他纳鞋底，追着赶着给他做棉鞋。到第四天我娘家人接我回家时，还没做完。我二姨就想了个办法，对来接我们的我哥哥和弟弟说："你们晚走一会儿啊，我还有点事儿。"等给他把鞋帮上好，让他穿上了新鞋，我们才一起回的娘家。

那时，我们庄的风俗是换姑爷（当地说法），就是接新姑爷的意思。回来时，都走前门，左邻右舍的人会当街追着看新姑爷。我和我哥哥和弟弟说："别从前当街走啊，咱们从后门走。"我的意思是他啥也没有，穿得也不好，怕别人看见笑话。结果我爸爸急眼了，跟我哥哥和弟弟发火："我咋跟你们说的，让你们从前头来，咋从后头来咧？"我跟我爸说："爸爸，你别说他们俩，是我让他们这么做的。"

中午吃饭，要邀请家里的长辈陪新姑爷一起吃个团圆饭。吃饭时，他伸胳膊夹菜，袄袖处露出了破棉花套子。因为他里面穿的是旧棉裤、旧棉袄。饭后，我叔叔就在北当街开始一个劲儿地说他："还二姨当家，给她找了个啥婆家呀？棉袄袖露的棉花套子滴里嘟噜，一看就不是一般的穷……"说了好多，就是嫌他家里穷，替我这个侄女感到不值。我听到后，啥也没说，任由他说，但心里忒不是滋味……

女儿们的合影

◎贫贫寒寒的日子

那时候，家里穷得叮当响，一大家子的衣服、被褥、鞋袜都是我用手一针一线缝制的。衣服穿的时间长了就有磨坏的地方，磨坏了就打补丁，膝盖和屁股蛋子上都是。这些补丁，穿坏了拆去，再补上，再穿，坏了再拆再补，要穿很多年。孩子们的衣服是老大穿完老二穿，老二穿完老三穿，老三穿完老四穿……

做衣服照明靠的是家里一盏15瓦的灯泡。灯泡的线可以升降，因为瓦数低，做针线活儿时，我就把线放下来，直接照到我头顶的位置，昏黄的灯光伴随着我度过了一个又一个缝缝缀缀的夜晚。

因为穷，我家的衣服多是带补丁的。好笑的事就是这补补丁的事。

那时，白天在地里干活，晚上做针线活。尤其是鞋子，我们这里有个说法，就是做鞋的时候必须在晚上12点前上好鞋帮，把鞋完工，取的是"赶脚儿"的意思。所以，我常常做鞋做到凌晨。

我们这里每年春天种花生，我点种也是一把好手。用一条羊肚手巾把柳条篮子套在脖子上，盛着花生种的笼子在胸前，我两只手点种，用大拇指、食指、中指三根手指捏花生种，每次三粒或四粒，双脚交叉踩种，只见花生种子簌簌落下，脚飞快前行，动作麻利而精准，谁见了都夸我点种密、抓得准，是点种高手。因为一般妇女都是一只手点种，即便两只手点，也没我点得快。

有妇女就说："啧啧，你看看人家，做啥啥中。种地是行家里手，做衣服没得比，就连补丁都俊得很哩！"

在生产队上班时，我穿的补丁裤子让妇女们赞不绝口，夸我在膝盖和屁股蛋子后打的补丁都比别的女人补得好，针脚匀称细密，结实耐穿，一圈圈的距离几乎一样，跟艺术品似的。于是，很多女人求我给她们补补丁……

其实，在那个年月，谁还没穿过带补丁的衣服啊！

新中国成立到改革开放，我们国家基本上尚处于短缺经济阶段，由于布匹等商品供应短缺，人们买衣服需要布票，而且数量有限，衣服的色彩和样式也比较单一。

1949年新中国成立，解放区的健康风尚与服装款式色调也随着大军南下西进而传遍全国。女装流行代表为简朴的布拉吉（连衣裙）、列宁装以及两用衫、长西裤。女学生大部分穿布拉吉（连衣裙），或者是背带式工装裤，当时举国上下的妇女都是清一色的工装，最时髦的打扮就是蓝色或者灰色的背带工装裤和白衬衫。这一时期服装崇尚简洁、朴实，颜色相对单调，布票是中国供城乡人口购买布匹或布制品的一种票证，单位一般有 1 寸、2 寸、半尺、1 尺、2 尺、5 尺、10 尺等。它是购物的凭证，本身不含价值，不许买卖流通。布票是中国在商品短缺形势下的产物。20 世纪 80 年代初期，随着农业和轻纺工业的发展，布匹供应日趋丰富，布票随之取消。

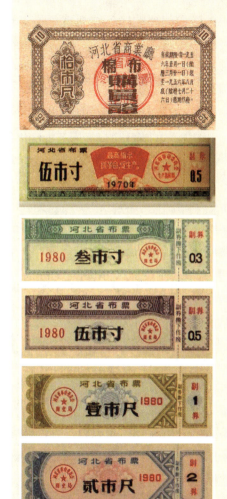

以绿蓝黑灰为主。

60年代中期，男女服装归于一统，女装趋向男性化。花衣裳、旗袍都成了"封、资、修"的象征，当"革命"革掉了旗袍等资产阶级的尾巴，剩下的只有解放装、青年装、中山装、对襟衫。当时，蓝白间隔的横条纹海魂衫是年轻人最时尚的追求。据说海魂衫是各国水兵们的贴身衣着，为白蓝相间的条纹衫，寓意浩瀚的大海与蓝天，水兵们穿海魂衫显得格外精神抖擞。

70年代中期以前，女子服装保持着60年代的状况，之后，"红装裹身"的尚武风尚经历了中性化过渡，开始向更加开放的方向流行，喇叭裤、健美裤等逐渐成为人们的新宠。"的确良"布料成为那个时代最显著的印记。

80年代初期，服装流行与变化速度相对缓慢，到了80年代中后期，市场机制臻于成熟，服装变化速度加快，这时候女性服饰开始向时装化发展，在浪漫娇美的基础上，加上了成熟的设计风格，造型和装饰突出艺术性和时代风貌，强调合体廓形线和腰线，通常采用轻薄和半透明的丝绸等材料，使样式更接近着衣者的需要，充分显示人们享受时装美的生活情趣。

90年代，服饰风格演变成讲究品位，突出个性。笔直的套装，美丽的连衣裙、贝贝裙等，无论是颜色还是款式，都更为多元化。

进入新世纪，国际品牌时装陆续进驻中国市场，中国人的穿着不再像从前那么有"特色"了，而是真真正正地融入并影响着国际化的时尚浪潮……

◎一家人终于穿上了新衣服

　　1958年，我们村组织了一个缝纫机组，村里仅有的4台缝纫机从家里集中搬到大队，把几个会做衣服的人召集起来，集体为社员们缝制衣服。我就是其中的一员。那时候，每个做衣服的人每天有4件衣服的硬性任务，包括2件大人的衣服和2件孩子的衣服。

　　说起来，我使用缝纫机做衣服的技术，还是跟二姨学的。她家有一台缝纫机，起初我很好奇，就坐下

家里购买的第一台缝纫机，至今仍在使用

来，右手转着轮盘，左手扶着布，脚放到踏板上，脚尖和脚跟不停地起伏踩踏，加上二姨的指点，很快就学会了踩缝纫机。

二姨手巧，我跟她学会了很多做衣服的技巧。那时男子时兴四个兜的上衣，有中山装样式的，也有普通制服，一般都有四个口袋，上面两个兜小，下面两个兜大。中山装的兜因为都是明兜，比较好做，但那种暗兜就不好做，需要抠兜，这可是技术活，我当时在缝纫组里是抠兜抠得最好的一个。

1980年，我家才拥有了一台缝纫机，牡丹牌的，当时最时兴的牌子，花了144元。这台缝纫机对于我来说，可是最珍贵的"大件"了。面对着这台崭新的缝纫机，我一会儿摸摸机子上的牡丹花，一会儿摸摸转轮，一会儿用脚哒哒踩一下脚踏板，高兴得不得了。我用两层布给光滑的机身做了一件漂亮的"外套"，最外围扎成"八"字形针线，前端是三瓣叶的形状，后面扎成一朵花、两片叶，中间是菱形方块组成的图案，在线轴处挖了一个眼儿，以便线轴穿过去。缝纫机买来后，大大提高了我的效率，干活真叫爽手。直到现在，这台缝纫机我还时不时地使用着，经常买布头做衣服、沙发垫等……

女儿们穿着妈妈缝制的棉装

◎衣服里沁润着深深的爱

聊起衣服这个话题，骆宗明老人的两个女儿及他本人，都像打开了话匣子。无疑，他们从各自的感受出发，不约而同指向了同一个目标——李秀芹老人。深情的回忆中，有满足，有幸福，也有不为人知的心酸……

大女儿骆艳红：

我是家里的长女，我结婚时的棉袄就是母亲做的。我妈手巧，又爱干净。小时候家里条件差，冬天就是穿没有外套的"光棍"棉袄、棉裤，但做得特别合身，不冒风，特别暖和。我们在上初中后，才在棉袄外面套了外套。在这之前，我妈在棉袄前襟处，缝上两块布，因为那里爱脏，这样，脏了就可以拆下来洗单布，省得弄脏棉袄。

我结婚的棉袄是套面的，针脚引线在里面，外面看不到，平滑板实，更美观。还有一件是用我过去的裙子改的，在母亲眼里，啥都有用，啥都舍不得扔。

每年到了伏天，我们帮妈妈把所有人的棉衣、棉被都拆洗了。洗完后，用米汤浆一下，晒干后，在树荫下用棒槌在锤布石上锤一下，乒乒乓乓的锤布声和树上的蝉鸣声，此起彼伏地响着。这些活儿干完后，我就跟伙伴们一起织毛衣，还跟我妈学会了做布凉鞋。

我们的衣服随着社会的发展也不断更新，从家经布到条绒、大绒、的确良、卡其布，再到现在的双面绒、羽绒服等，从四领齐、中山装等简单样式到现在各种各样的款式都有。但我们从不穿奇装异服，不乱花钱，能自己动手的就自己做。直到现在，我还用毛线钩拖鞋穿。这些都是受到母亲的影响。

四女儿骆艳青：

我是家里的老闺女，小时候总是穿姐姐们穿过的衣服，所以最盼着过年。因为过年了就有新衣服穿了。

记得每年三十晚上，我都特别兴奋。妈妈把新衣服给我做好了，我试穿了，特别合身，崭新的，虽然有时是姐姐们的旧衣服改造的，但也是妈妈重新做了的。我把新衣服叠好，压在枕头底下，因为兴奋而难以入睡，一会儿就爬起来，掀开褥子看看新衣服，摸一摸，躺下，一会儿又起来摸摸，再躺下，如此反复好多次。

最难忘的是1992年，爸爸去深圳回来，给我买了一条粉红色的连衣裙，纱料，垂感特别好，腰间带松紧带，样子也很时尚。这是我第一次拥有这么好看的衣服。

说起来，我们姐妹四个，父亲只给我买了裙子，这真是一份宠溺。裙子穿在身上，那个美呀，感觉自

李秀芹缝制的坎肩和肚兜

女儿们用线编织的鞋

己就跟仙女似的。我到处显摆，在姐姐们面前旋转，一转，裙子下摆飘起来，像撑起的花伞。在同学面前也显摆，但不好意思旋转，只是喜欢在外面走来走去，尽情享受女生们向我投来的羡慕的眼光。后来，我穿着裙子照了相，至今照片还在。我坐在床角，身穿那件粉红连衣裙，梳着学生头，靠在摞起的被褥上，身子略倾，双腿弯向后面。还把一根长长的孔雀毛搭在腰际，很淑女、很清纯的样子。照片洗出来后，我看了又看，喜欢得不得了。

现在，我除了从实体店买衣服外，还从网上买，但我从不买太贵的衣服。在我妈和我爸的影响下，我们都懂得艰苦朴素的道理，过日子都不乱来。

骆宗明：

我的衣服过去也都是我老伴给做的，很合身、很得体。无论当老师还是后来转干，常穿的上衣是中山装样式，那时，常在上衣左口袋里插一支钢笔，或插两支钢笔，还在兜盖上别一个毛主席的像章，感觉英姿勃勃的。

她给孩子们做的衣服，总比别人做的好看，绣个花啊，延个边呀，缝个小动物啊。有时，棉衣棉裤用一样的布料，成套装，看着精神。

2020 年，外孙、外孙女们一起给我买了一件大衣，花了 1260 元，我很心疼钱，但孩子们说生活好了，

穿上爱人做的的确良上衣

让我别舍不得穿。这大衣是真好呀，外面是深蓝色羊绒的，里面是狐狸毛的，衣领是貂毛的。手感柔软，又特别暖和，穿上后看着很气派，只是我不常穿，感觉平时穿不自在……

老伴李秀芹：

现在好了，不但孩子们的衣服不用我做了，我们俩过个生日，孩子们都争着抢着给买衣服，根本穿不过来。但我喜欢穿我自己做的衣服，穿着合身又舒服。我身上穿的这件衣服也是我自己做的，才花了4元钱买的布头，就做成了这件外套。

从单一的布料和颜色到融入国际时尚潮流，中国人服装上的变化，见证着国家的发展。

尤其是改革开放之后，经过八九十年代市场经济的快速发展，人们的服装在款式、布料、品牌等方面逐渐丰富起来。服装的变化不仅展现着时代美，也展现着人们对美好的追求。

新时代的今天，人们对服装的追求更加多样化，或简洁舒适，或凸显个性，衣服的消费投入也越来越多。如今，我国是全球最大的纺织品服装生产国、出口国、消费国。"目前，在国内纺织服装消费中，国内品牌占据主要地位，原创潮流品牌消费规模占品牌消费的比重快速提升，国内纺织服装品牌的认知度、美誉度和影响力持续增强。"工信部消费品工业司一级巡视员曹学军说。

与国潮品牌相关的鞋服、数码产品、配件饰品、运动健身器材成为年轻人网购的热选。以90后、00后为代表的新生代人群正为国潮品牌发展注入新动能。由追捧洋品牌到国潮兴起这一变化，正是我国消费品品质满意度和品牌认可度稳步提高的有力证明。

说到底，这些都得益于收入的不断提升，得益于生活水平的不断提高，得益于国家发展得越来越好。

在家庭收入的记录中，骆宗明老人用清晰的"账本"故事，见证着个人收入的变化，也见证着国家发展的变化……

第四章

薪之账

从入不敷出到绰有余裕

无数个看若相似却又不同的家庭，构建成了社会。或者说，在社会大家庭的背景下，小家庭就是大社会的缩影。

社会发展离不开经济。作为个体的家庭而言，平平常常的日子，柴米油盐酱醋茶、衣食住行、教育医疗等，同样离不开经济。这个经济便是家庭收入。自古以来，家庭收入来源从来不是单一化的，或打工，或经商，或务农，人们可以从生活领域的各个角度和层面，通过付出脑力和体力劳动获得收入。家庭经济来源的丰富性和就业渠道的多样化，让家庭之"薪"也有了不同的层次区分。

收入是衡量家庭生活质量的重要因素，它一方面连接着生产，另一方面连接着消费，是社会运转过程中的关键环节。而且，需求与供给统一体现的家庭收入，也是国家发展的一个重要见证。在家庭收入的记录中，骆宗明老人用清晰的"账本"故事，见证着个人收入的变化，也见证着国家发展的变化……

◎第一个月工资

中国共产党百年历史可划分为四个时期：新民主主义革命时期、社会主义革命和建设时期、改革开放和社会主义现代化建设新时期、中国特色社会主义新时代，四个时期我虽然没全赶上，但也赶上了一多半。

我幼年时，见证了我国一穷二白的困难时期。之后，我经历和见证了我们国家从站起来、富起来到强起来，我个人收入的增加是这个过程最明显的反映。

新中国刚刚成立时，经济困难，咱们一方面要勒紧裤腰带搞国家建设，另一方面还要对外还账。

1959年参加工作，我第一个月的工资是26.5元。

说起第一次拿到工资的事情，到现在我都记得非常清楚。清楚的原因是，里面还有一个颇令人心酸的小故事。

当时，好不容易熬着第一个月发工资了，我高兴得像揣着小鹿似的。那天，是离我们庄三里地的糯米庄大集，我寻思发工资了买点东西回家。结果，买东西的时候，一掏兜，钱不见了。顿时，我脑门上就冒出了汗，急得翻遍了各个衣兜、裤兜，路上走过的地方也都找遍了，但还是没有找到。估计是被小偷偷了，因为那时穷，小偷特别多。

回家后，父亲问我："发工资了吗？"

我低着头小声回答："发了。"

父亲说道："那给我呀！"

我怯怯地对父亲说："丢了。"

听到工资丢了，父亲火冒三丈："你是现出窝的鹞子恨天低呀！你装着钱就给它丢了？"

那时，20多块钱对我们家来说，是多么重要啊。父亲因为心疼钱，一个劲地凶我。我是又难过，又心疼，又委屈……

社会和历史，总是在不断的变化中前行，并不断探索出更为合理和完善的路线。

要知道，自新中国成立以来，我们国家的工资制度经历了几次比较大的变革。

解放初期，国家对南下干部和部分新参加工作的干部，实行的是供给制，供给范围包括个人的衣食住行、学习等生活用品和零用补贴等。

对接收的原国民政府的职工和公教人员实行"原职原薪"。在此基础上，根据实际情况，实行以"粮食""折实单位""工资分"等实物为计算基础的工资支付办法。

这种供给制，是革命战争年代形成的一种分配制

粮　票

度，新中国成立后延用至 1952 年。

随着新中国政治经济秩序的调整，分配制度的改革势在必行。1952 年 7 月 1 日，政务院发出《关于颁发各级人民政府供给制人员津贴标准及工资制工作人员工资标准的通知》，走出工资改革的第一步。它把党政机关工作人员自上而下分为 29 级，工资随级别而定，不以当时尚不稳定的货币为结算单位，而以实物为基础进行折算，称为"工资分"，即老一辈人常说的"工分"。工资分由伙食分、服装分、津贴分三部分构成，按粮、布、油、盐、煤 5 种实物的数量进行折合。

1955 年，国内经济形势继续向好，物价基本稳定，生活水平逐步提高，工资分所含的 5 种实物已不能完全包括生活实际需要。因此，国家决定自 1955 年 7 月起，先行在国家机关及所属事业单位废除工资分，改行货币工资制。

应该说，工资制的普及，拉开了全国工资改革的序幕。

这次改革工资，建立了国家机关、企事业单位等几大类分配制度，其中党政机关实行职务等级工资制，企业工人分技术等级，专业人员，如工程技术人员、教师、医务工作者、文艺工作者也都相应有了自己的等级系列。与此同时，依据各地的自然条件、物价和生活水平、交通以及工资状况，并适当照顾重点发展地区和生活条件艰苦地区，将全国分为 11 类工资区。

这次工资改革后，国家工作人员及其家属的一切生活费用，均改由个人负担，同时，国家工作人员住用公家房屋和使用公家家具、水电，一律缴租、纳费。

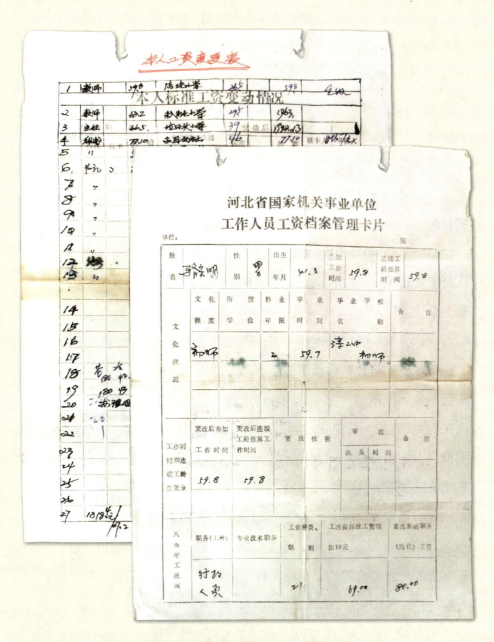

骆宗明的工资档案管理卡与工资变更表

1956 年 6 月 16 日，国务院全体会议第 32 次会议通过《关于工资改革的决定》。这是一次划时代意义的改革，它奠定了此后长达 30 年的劳动工资制度基础，对新中国"吏制"产生了深刻影响。从此，"级别"成为中国除农民以外各类社会人群政治经济生活排序的重要标准。

自改革开放以来，国务院先后实施了一系列工资改革，工资不再是根据级别一成不变，工资结构也发生了巨大的变化。平均主义被打破，各行业工资和收入格局发生了新变化。

1985 年，中共中央和国务院公布了《国家机关和事业单位工作人员工资制度改革方案》，决定从当年的 7 月 1 日开始，国家机关、事业单位工作人员实行新的工资制度。

自此，整整执行了 30 年的职务等级工资制就此结束。

同年，在行政、事业单位工资改革的同时，根据《中共中央关于经济体制改革的决定》精神，对企业工资制度进行了改革。这次改革的主要目的，是推动企业工资总额同经济效益挂钩、职工劳动报酬同企业经营好坏和本人贡献大小挂钩，以及与机关、事业单位的工资改革和调整挂钩。

这次工资改革制度，一直延续到 90 年代初期。

1993 年，《机关工作人员工资制度改革方案》明确提出，新工资制度要防止高定级别、高套职务工资等不良现象。职级工资制就此推行开来。

所谓职级工资制，即机关工作人员工资由职务工资、级别工资、基础工资和工龄工资四部分组成；专业技术人员工资中，津贴成为

中共滦县县委组织部文件

滦组干退字[2001]10号

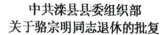

中共滦县县委组织部
关于骆宗明同志退休的批复

滦州镇：

　　你镇协理员（正局）骆宗明同志，一九四一年三月出生，一九五九年八月参加工作，一九七一年七月入党。根据国发[1978]104号文件规定，县委同意骆宗明同志退休。根据冀政[1994[29号、冀政[1995]3号文件规定，基础工资、工龄工资按本人原标准的全额发给，职务工资与级别工资之和，按原标准的95%发给。退休后在滦县城内居住。

中共滦县县委组织部
2001年3月31日

抄送：县委老干部局、劳人局、财政局、卫生局

县委组织部对骆宗明退休的批复

工资构成的主要部分，并与实际工作量和质量挂钩。

与此同时，不再划分工资区，而是引入了"地区津贴"。地区津贴包括艰苦边远地区津贴和地区附加津贴。前者主要体现各地自然地理环境等差异；后者用于补偿机关工作人员在不同地区生活成本差异，地方政府可根据自有财力发放此类津贴。

2006 年 6 月 14 日，《国务院关于改革公务员工资制度的通知》出台。文件在"改革的原则"部分强调，要有效调控地区工资差距，逐步将地区工资差距控制在合理的范围内。这次改革除了要求完善津补贴发放制度外，也对基本工资结构做了调整：基础工资和工龄工资不再保留，级别工资权重有所加大。

2013 年 2 月，国务院转发了人力资源和社会保障部《关于深化收入分配制度改革的若干意见》，新一轮的公务员薪酬体系改革拉开帷幕。

此次改革的重点是提高基层公务员待遇，主要任务有两个：一是规范公务员地区附加津贴制度；二是完善职务和职级并行的薪酬制度。新一轮公务员薪酬改革延续兼顾效率与公平的原则，更加注重公平正义，而且注重从制度设计上来找出路。

有关数据显示，1980 年全国职工的年人均工资是 762 元，2015 年的年人均工资是 61240 元，三十几年间，涨了约 79.37 倍。与此同时，许多"金饭碗"掉价成了"土饭碗"，也有不少曾经的"土饭碗"逆袭成了"香饽饽"……

◎让百姓的"钱袋子"鼓起来

每月工资为 26.5 元，连续四年没变，第五年也就是 1963 年我才涨了 3 块钱，工资为 29.5 元。当时物价却很高，1961 年我们结婚时，肉 13 元一斤。那时候正是三年困难时期，肉太缺少了，人们连肚子都吃不饱，哪还有钱买肉？因为当时人们都没粮食吃，喂猪的话猪也得吃呀，所以当时猪特别少。

1965 年，我在糯米庄小学当老师，每月 29.5 元，那点工资啥也不够。盖房时，我们到处借钱，我妻姨家、丈人家、叔叔家、大姨家，都周济过我们。

1965 年 4 月搬家，我去糯米庄集上买了一对白铁皮水桶就花了 9.6 元，当时感觉特别贵，我就记录了下来。也因为贵，我们一家特别珍惜，水桶用了好多年。

1972 年 1 月，我的工资提到了每月 39 元，我从 1959 年上班到 1972 年，13 年工资才提高 12.5 元。当时和我一样当老师的同学，后来都不干了，钱太少，日子过不下去。

起初，吃水是挑水，井在我们庄子的中间，过年过节时，为讨彩头，都起大早，抢着去挑第一桶水。大年初一时，我都是早早起床，去挑这第一桶水。井特别深，水桶要左右摇摆，水才能进到桶里。双手用力抓着井绳往上倒腾，才能把一桶水拎上来。冬天时，井沿四周都是冰，光滑得很。大家伙儿用镩子可劲镩，把冰块铲走，才露出石头，现在想想都害怕。担着两桶水，走半个庄才把水挑回家，倒入大缸中。吃水真是难呀，肩膀都磨出了茧子。

1975年8月22日，我家打了压水井，从过去走半个庄子用双肩挑水，到在自家院里压水，减少了不少苦累和时间。刚打压水井时，孩子们感到特别新奇，都抢着压水，铁压把儿一按一按的，水就出来了。

改革开放后，实行家庭联产承包责任制，土地不但能让我们饱食，还能把土地上打下的粮食卖成钱。我的工资也由少到多，生活越来越好，买的电器设备也随之增多。1979年1月，我买了飞鸽自行车和上海牌全钢表。80年代中期，我家三姑爷在北京上班，花了一万多元买了大哥大，这在当时可是稀奇玩意儿，至今我还保存着呢。

1980年9月6日，我家买了天津牡丹牌缝纫机，

上海牌全钢手表和家里三姑爷买的大哥大以及BB机

各年代工资变化登记表

2020年11月9日

序号	年代	工作单位及职务变化	工资额
1	1959.8.	古马公社底底山小学任教师	26.50元
2	1963.9.	赖在教社赵木庄小学任教师	29.50元
3	1972.1.	古马中学任教师	39元
4	1977.10	古马公社秘书	46元
5	1980.6.	芒牛头二委任副书	53元
6	1982.10.	" "	59元
7	1985.5	瓢社乡党委书记	86.50元
8	1988.5	" "	94.50元
9	1988.10.	" "	105元
10	1989.10.	瀑州镇镇长	113元
11	1996.7	镇人大主席	573元
12	1998.6	镇正科级助理员	643.5元
13	1988.11	" "	672.5元
14	1999.9.	" "	851.5元
15	2000.10	" "	940.5元
16	2001.2	" "	783.5元
17	2001.9.	退休	968.90元
18	2001.9.	" "	1180.90元
19	2002.1.	" "	1263元
20	2002.8.	" "	1383元
21	2005.1.	" "	1493元
22	2005.4.	" "	1543.90元
23	2006.11.	" "	1718.90元
24	2007.1.	" "	1818.90元
25	2007.4.	" " 增275元	2093元
26	2007.12	" " 增541元	2634.90元
27	2008.12.	" " 增448元	3082.90元
28	2014.1.	" " 增420元	3502.90元
29	2014.4.	" " 增462元	3964.90元
30	2015.9.	" " 增350元	4314.90元
31	2016.1.	" " 增260元	4574.90元
32	2017.1.	" " 增185元	4759.90元
33	2018.8.	" " 增203元	4936.90元
34	2019.8.	" " 增202元	5139.90元
35	2020.8.	" "	5341.90元

登记人：骆宗明. 1941.3生.

骆宗明的工资变化登记表

我的工资变化比较表

2021年.

项目	工资起止年月	月工资	日工资	月增	总增化	坚持年限
前十八年	1959.3.1 ——1963.9.	26.5元	0.88元			4年
	1963.9 ——1972.1.	29.5元	0.98元	3元		9年
	1972.1 ——1977.10	39元	1.3元	9.5元		5年
	共18年增资三次,每次约增					
退后二十年	2001.7 ——2021.7.	968.2元 5529.96元	32元 178元	95元	60倍	20年
	共19次增,每次约增240元					

情况分析

今年是我国共产党成立一百周年,学党史、悟思想、办实事、开新局。通过我认真学习《中国共产党简史》,进一步印证了我的工资变化是与党走的发展史。我国从站起来到富起来再到十八大从强起来是同频共振的。家是最小国、国是千万家。我的工资增长、家庭生活由穷变富,走上小康体现了家国变迁同步变化。

从59年开始任教,经历了三年困难时期。国家正领导对敌斗争,艰苦奋斗、自力更生、发展工业、开发石油、大兴水利发展交通、大搞科研、两弹一星上天。又经历了六年十年文化大革命内乱。经济发展受到严重挫折,个人工资怎能提高?

从退休开始至今二十年,国家正处在由富起来到强起来的过程,所以退休后连续十八年增资,印证了我党"科学发展"所带来的发展变化。

骆宗明的工资变化比较表

花了 144 元。老伴从年轻时就会做衣服，我们一大家子的衣服、被褥、鞋袜，都是老伴一针一线做的，又缝缝补补连的。缝纫机买来后，老伴高兴得呀，看着缝纫机就笑，天天守着缝纫机，嘎嗒嘎嗒地踩着脚踏板，做呀，做呀，至今缝纫机还在使用，做了我们四代人的衣服、被褥等。现在，我外孙、外孙女们小时候的衣服还保存着好几大包呢。她自己做的，舍不得扔掉。

1984 年 11 月，我们港北村家家户户全都通了自来水，吃水就更方便啦，开关轻轻一拧，水就哗哗流出来了，老百姓真是享福不少。

随着生活水平的提高，老百姓不只是满足于温饱了，而是关注到更多外在的东西。比如，1982 年 12 月 1 日，我的老伴李秀芹就镶牙了，一是便于吃饭，二是更加美观，牙一镶，整个人看上去年轻好几岁。

1988 年 10 月，我的工资终于突破一百，开到 105 元。到 1999 年 9 月，工资涨到 851.5 元。2001 年 9 月，工资涨到 1180.9 元，突破千元。2007 年 4 月，工资增到 2093.4 元。2008 年 12 月，工资涨到 3082.9 元，仅 1 年多时间涨了近 1000 元。2015 年 9 月，工资突破 4000 元，涨到 4314.9 元。2019 年 8 月，工资突破了 5000 元，涨到 5139.02 元。2021 年 7 月，我的月工资为 5529.96 元。

家庭收入直接影响着一个家庭的消费能力和水平。从解决温饱、摆脱贫困，到全面建成小康社会；从以吃饱穿暖为主，到家庭及个人消费多样化……新中国成立至今，尤其是改革开放以来，我国居民收入和生活水平的巨大变化，生动而真切地发生在我们每个人身上。

这些变化，与国家的发展紧密相连。

改革开放之前的20多年里，处于计划经济时代的中国，分配实行的是"大锅饭"式的先集中再平均的模式。这种模式一定程度上削弱了劳动者的积极性，当干和不干一个样，多干和少干一个样的时候，就没有谁愿意去努力付出了。

改革开放以后，我们国家在坚持按劳分配的基础上，又采取了一系列举措，开始利用市场灵活调节收入。换而言之，人们合理收入由市场供求关系和价值规律来实现，利用市场宏观影响来调节收入分配，使得劳动力的配置效率不断提高，最大限度实现了人尽其才，才有所用。

在此之前，我们国家的收入分配制度也是经历了较长时间的尝试、探索和改革，大致经历了四个重要阶段：

其一，从1978年到1987年，实行按劳分配的阶段。说起来，不得不提到一个小山村。1978年十一届三中全会之后，安徽凤阳小岗村率先推行家庭联产承包责任制，极大鼓舞了人们的生产积极性，超额完成了国家和集体任务。中央肯定了这一做法，认为其经验可以在全国进行推广。1982年，中共中央正式发文推广家庭联产承包责任制。

其二，从 1987 年开始至 1997 年，实行按劳分配为主体、多种分配方式并存的阶段。十四届三中全会通过的《中共中央关于建立社会主义市场经济体制若干问题的决定》中指出，多种分配方式并存，并提出"效率优先，兼顾公平"以及把竞争机制引入劳动者的个人报酬。

其三，从 1997 年到 2002 年，实行按劳分配与按生产要素分配相结合的阶段。十五大报告提出了"把按劳分配与按生产要素分配相结合起来"后，极大地调动了劳动者的生产积极性，既保护了劳动者合理利益，又提升了生产效率。

其四，从 2002 年至今，收入分配体制完善阶段。2002 年，党的十六大报告提出确立劳动、资本、技术和管理等生产要素按贡献参与分配的原则。十六届三中全会报告中提出，扩大中等收入者比重，并提高低收入者收入水平，与此同时，调节过高收入，取缔非法收入。党的十七大报告则指出，要"提高劳动报酬在初次分配中的比重"，这进一步诠释了劳动是价值源泉的内涵，通过扶贫、提高最低工资标准等，让群众拥有更多财产性收入。党的十八大报告更是提出，要千方百计增加居民收入，深化收入分配制度改革，实现发展成果由人民共享。

◎曲线图中深藏着个体记忆和国家历史

我根据自己的工资变化画了一个曲线图，呈逐年增长态势，且从增长极其缓慢到大幅增长，由此可见，我国经济在突飞猛进地发展。

我 2001 年退休，到 2022 年退休 21 年，从 980 多元涨到 5500 多元，一个月就多了 4500 多元。我常和老伴说，国家每个月给这么多钱，换作儿女要多好才能做到这一点。

骆宗明将工资变化绘成工资增长曲线图

改革开放以后，我家买了彩电、冰箱，安装了太阳能，买了电脑，连上了宽带，安装了数字电视，安装了空调。2022年，我这个81岁的老人，每天使用着4G手机，估计还得使用5G手机……

个体往往是集体的另一种呈现。摆在我们面前的这张泛黄的工资增长图，是骆宗明老人对自己这几十年来收入的记录。看着那不断向上攀爬的曲线，我们真切感受到了国家的发展脉络。

收入的不断增长，也让骆老有了充足的经费去经营自己的家庭，富足与满足、幸福与幸运，都在这张看似普通却又沉甸甸的泛黄的纸张上呈现出来……

我们不妨跳出骆宗明老人的工资增长图，对历史进行一次梳理，梳理的目的是让我们更加清晰地看到家事与国事的关联，看到我们国家的发展。

第一，改革在持续推进中，中国经济驶入了快车道。尤其是改革开放之后，在几十年时间里，城镇和农村居民的人均收入均实现了数十倍的增长。国家统计局数据显示，1978 年，中国城镇、农村居民可支配收入分别为 343.4 元和 133.6 元，而到了 2022 年，中国城镇居民人均可支配收入增长到 49283 元和 20133 元，农民人均可支配收入首次突破 2 万元。这样大的涨幅，完全得益于国家政策的不断调控和改革。

第二，收入不断提高的原因在于收入来源的丰富性和多样化。改革开放之前，人们的收入来源相对单一，农村实行统一的"工分制"，城镇实行配给制，单一的收入来源造成了人们的收入水平持续低位，且增长迟缓。随着计划经济向着市场经济不断转变，人们的收入来源拓展为工资收入、经营收入、财产性收入、转移性收入等多个渠道，收入开始不断提高。

第三，社会保障体系不断完善，使得收入结构得到了持续优化。以 2020 年前瞻产业研究院《中国人力资源服务行业市场前瞻与投资战略规划分析报告》公布的相关数据为例，这一年，农村居民收入的增长总体比城市居民收入的增长快，城乡贫富差距较大的状况正在得到改观。这一年，城镇与农村居民工资性收入占比分别为60.18%、40.71%。城镇居民收入主要来源于工资性收入，其次为转移净收入与经营净收入；农村居民收入主要来源于工资性收入，其次为经营净收入与转移净收入。

特别值得一提的是，2021 年，我们国家的脱贫攻坚战取得全面胜利，现行标准下 9899 万农村贫困人口全部脱贫，832 个贫困县全部摘帽，12.8 万个贫困村全部出列，区域性整体贫困得到解决，完成了消除绝对贫困的艰巨任务。2021 年脱贫人口人均纯收入达到12550 元。这也意味着，那些曾经生活贫寒的人的收入有了保障，而收入有了保障，日子就有了保障、有了盼头。

进入 21 世纪，特别是党的十八大以来，骆宗明的"家庭档案"记录内容有了新变化，记载更多的是外出旅游、养生保健、参与琴棋书画活动、参加老干部宣讲团等内容。

第五章

乐之账

从少娱乏趣到养身修志

乐之账

从少娱乏趣到养身修志

　　劳逸结合，意指在努力工作的同时也应该注意休息。自古以来，勤劳的劳动人民都懂得这个道理。

　　"劳"自不多言，至于"逸"倒颇有几分意趣。历史上，人们繁忙之余的"逸"，多有饮、赌、练、乐。饮，即以饮酒为代表的消遣；赌，并非赌博，是以棋牌、斗兽等为主；练，即体育活动，如投射、格斗、狩猎等；乐，即艺术审美活动，如吟唱、奏乐、涂画、演戏等。

　　时节不居，春秋交迭，历史的车轮滚滚向前，劳与逸的话题，始终在人类繁衍生息的日子里延续着。

　　然而，在贫寒清苦的年月里，为了温饱，为了生活，人们把更多的精力投入"劳"，即便是偶尔苦中作乐的"逸"，也显得乏趣和单调了。

　　为了更为深刻地理解骆宗明老人的精神世界，我们寻找了多位与其同龄的老人进行交谈。谈及新中国成立初期的那些文化娱乐活动，老人们对我们这个话题的反馈几近相同——单调而匮乏。

是的，新中国刚刚成立，积贫积弱，人民的温饱问题尚未解决，文化生活更是贫乏。夏季每天干完农活外，中午或者晚上，村里的男女老少都手执一把破旧的扇子，搬一张凳子，集中在树荫下或空旷的屋坪前，谈天说地，聊聊家庭，说说小孩，有的长辈还会"猜谜儿""讲古话"。小孩的娱乐活动也不过玩泥蛋、掏鸟窝、到坑塘里逮蝌蚪，抑或跳个跳绳、撞拐等，仅此而已。

好吧，翻过文化活动贫乏的历史一页，让我们再次进入骆宗明老人的精神世界。随着我们国家的不断发展和富强，社会文化建设也日益丰富，人们在丰衣足食之后，有了更多闲暇去经营日子，享受文化的滋养……

骆宗明退休后仍坚持学习

◎夕阳正红，让暮年生活丰富多彩

2004 年，我退休以后受聘于滦州镇，当选为滦州镇新城离退休干部党支部书记，自此，滦州镇的"老"字号工作全部由我来抓，后来连续任老干部协会主席、老体协主席、老科协主席、关工委名誉主席、老年法律咨询和服务分站站长、老年帮扶救助基金会会长等职。

为保证老同志思想常新、理想永存，支部将每月20 日定为党员活动日，开展"每月一学"，由每位老同志轮流值勤，谈体会、谈经验、谈效果。

同时，做好支部刊物的印发工作。《夕阳红简报》是我们老干部协会的内刊，简报90% 以上的文稿都由我撰写，经我仔细校对后，再由镇里打印出来。

创办《夕阳红简报》的目的，是宣传党的宗旨，加强老同志思想政治工作，活跃文化生活，发挥老同志的余热为滦州发展献计出力，也可将简报留作历史资料。

简报内容包括工作状况、会议动态、典型报道、养生保健、医药卫生、经验介绍、学习交流、诗词园地、故事选编、历史记录、读书心得、征文选登、正能量品读等。

简报面向全体老同志，人人都有展示的平台和机会。后来，简报期数增加，质量渐好，来稿渠道拓展，还吸引了外单位写作高手成为我们的特邀作者，给《夕阳红

夕阳红简报

第一期

滦州镇老干部协会　　　　　　　　2004 年 8 月 15

发刊词

八月十一日是值得我们记住的日子，滦州镇老干部协会一届一次全委扩大会议胜利召开了！

新一届老干部协会 17 名组成人员绝不辜负镇党委、镇政府的期望，全体离退休老干部的重托，一定能够胜任镇老干部协会应府负的历史责任，搞好调查研究，加强老干部思想政治工作，组织老干部发挥作用，进一步活跃老干部的文体生活，在维护社会稳定和促进我镇的"三个文明"建设献计出力。

我们举办的《夕阳红简报》每双月出版。她连着我们老同志的心，从内容上有会议动态、养生保健、医药卫生、窍门偏方、经验介绍、诗联书画等等，是我们自己的刊物。希望老同志们积极投稿。没有写作能力的可电话口头联系。把我们《夕阳红简报》越办越好，真正实现宣传党的宗旨，推荐卫生保健，让夕阳更红，助老人长寿！

滦州镇老干部协会
《夕阳红简报》编辑办
7122423 - 8999

医疗保健

食疗止咳化痰法

1、咳嗽痰多时，可研磨藕根，用布拧汁加适量蜂蜜，每天一杯，连续喝三天。

2、新鲜白萝卜洗净后，连皮切成块状，浸入麦牙糖内 10-12 小时，萝卜呈干瘪状后，将麦牙糖及汁饮下。1-2 次后，咳嗽即止，极为有效。

3、香油 50 克，羊肝 2 只一起炒，熟后加盐少许食用。

4、香蕉 3 只，去皮，切成 3 厘米长的小块，冰糖 30 克，加适量水放在容器中，置锅中蒸 10 分钟。每晚服用 1 次，连服一周，即可治疗。

倡议书
——致滦州镇全体离退休干部的一封信

离退休干部同志们：

您们好！

滦州镇老干部协会一届一次全委扩大会议于八月十一日胜利召开了。会上选举产生了新的领导班子，确立了协会章程，传达贯彻了县老干部协会会议精神，总结了我镇前段老干部工作，对以后工作进行了部署。县委组织部、县老干部局和全县各镇领导也参加了会议并发表重要讲话。镇觉委对镇老干部协会工作提出要求和希望。镇老干部协会是我们老干部自己的家；是谈心唠嗑的地方；是反映民意的场所；是为老同志们服务的群团组织；也是与镇党委、镇政府联系工作的桥梁。希望我们要尊重她、培养她、爱护她，让她茁壮成长，夕阳更红，蒸蒸日上！

当前，我国已步入老年社会，60 岁以上的人口已占总人口的 10%。党中央国务院对老同志们很重视，河北省老龄委给我们发了《优待证》，全社会己基本形成尊老、敬老的风气，让车、让座，为老年人免费查体，为我们提供健身园地。发挥老人余热，施展文体才华。县镇领导的关怀、社会舆论的形成，是大势所趋，人心所向。我们不能坐享其成、以老卖老，要做自尊、自重、自爱的模范，加强自我管理、自我教育、自我服务，做到老有所为、老有所乐。镇协会希望大家遵守养生五原则：即一个中心：以健康为中心，一切活动都要以有利于健康为前提；两个基本点：糊涂一点、潇洒一点；三个继续：继续学习，防止掉队；继续交友，加强感情交流；继续前进，不断提高生活质量。四句真言：合理膳食，适量运动，戒烟少酒，心态平衡。五疗病除：人生离不开食疗、医疗、体疗、神疗和自我保健理疗，每疗都要有针对性，不可偏废。实践告诉我们：老人有智慧、有丰富的经验，以及慈爱、谦逊、宽容、节俭等多种美德。让我们在镇党委、镇政府的领导下，在创建国家级卫生城的工作中发余光、献余热，让夕阳更美好，天天都有好心情！健康快乐每一天！

祝老同志们身体健康，全家幸福！

《夕阳红简报》的发刊词

091

简报》带来了生机和亮点。《夕阳红简报》，成为我们滦州镇老干部协会每月例会的重要学习内容之一。

在简报中，我们把孝亲敬老作为重要内容，使当地不少孝亲敬老的人物故事能够传播出去，我们也算是发现者了。为弘扬滦州文化，我们几个老同志下乡调研，编撰多篇奇闻异事文章，充分发挥了大家的聪明才智。

我们的老同志，学习都非常积极，都按时参加"每月一学"。有一位老同志，虽已去世几年了，但现在想起他，我依然很感动。他在老迈之年，得了阿尔茨海默病。我曾和他一起工作、一起住过，但他已不记得我的名字，他几乎忘记了所有的事情，却唯独记得"每月一学"。每到20日，他就早早起床，嘴里念叨着"开会，学习"。他老伴只好每次陪着他来。为此，我们把他老伴吸收为我们党支部成员。

老有所学、老有所乐、老有所为是我们的座右铭。18年的"每月一学"已成为一道独特的风景线，年龄大、体力差、挂着拐进"学堂"的老人让人感动，只要身体条件允许，我们要继续发扬这一优良传统。我们的学习与时俱进：我们学好、用好民法典，逐条学、带着问题学；我们开展党的一百年纪念活动征文比赛；我们开展"政治生日讲百年"；我们在创建文明家庭、文明学校、文明社区中做表率；我们为冬奥加油喝彩……

书法作品

新中国成立七十余年来，我们国家在发展中不遗余力地探索繁荣社会主义先进文化之路，不断构建新的中国精神、中国价值，凝聚中国力量，丰富广大人民群众精神文化生活，为新中国实现从站起来、富起来到强起来的伟大飞跃提供了重要支撑。

新中国成立后，人民成为新社会、新国家的主人，如何让广大工农劳苦大众在文化上"翻身"？为此，我们国家开始有计划、有步骤地发展人民文化、人民教育、人民文艺。学校向工农开门，开展识字扫盲；大力建设公共图书馆、群众艺术馆、文化馆等，活跃基层群众文化……

党的十八大以来，我们国家一方面补齐文化发展短板，解决好文化发展不平衡不充分的问题，建设现代公共文化服务体系，加强公共文化产品和服务有效供给，促进城乡、区域均衡发展，一方面解决文化"产业化""市场化"过程中产生的问题，强调文化产品的特殊社会属性，以精品文化文艺奉献人民，用心用情用功抒写人民、描绘人民、歌唱人民，传递向上向善的价值观，展示好当代中国发展进步和当代中国人的精彩生活，人民的文化获得感、幸福感不断增强。

党的十八大以来，以习近平同志为核心的党中央坚持中国特色社会主义文化发展道路，以高度的文化自信、文化自觉与文化担当，激发全民族文化创新创造活力，铸造中国精神、满足精神需求、促进文明互鉴，丰富和发展了中国特色社会主义文化。

新时代的今天，我们更加坚定文化自信，文化自信是对中华优秀传统文化、革命文化和社会主义先进文化等的自信，是更基础、更广泛、更深厚的自信，是更基本、更深沉、更持久的力量。我们着力培育和践行社会主义核心价值观，强化教育引导、实践养成、制度保障，把社会主义核心价值观融入社会发展各方面，转化为人们的情感认同和行为习惯。

党的二十大报告中，近60次提到"文化"一词。毋庸置疑，建设中国式现代化，是全体人民共同富裕的现代化，是物质文明和精神文明相协调的现代化。

新时代新征程，我们必须坚持中国特色社会主义文化发展道路，增强文化自信，围绕举旗帜、聚民心、育新人、兴文化、展形象建设社会主义文化强国，发展面向现代化、面向世界、面向未来的，民族的科学的大众的社会主义文化，激发全民族文化创新创造活力，增强实现中华民族伟大复兴的精神力量。

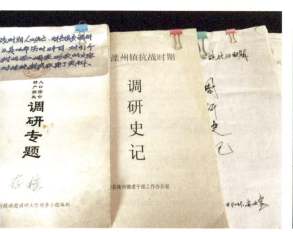

展示调研手记

◎乡土教材里浓浓的家国情怀

2006 年 8 月，按上级部门要求，本着对历史负责、对人民负责、对当年的牺牲殉难者负责、对子孙后代负责的态度，我和第一实验小学的退休校长何汝民一起，走村串户开始对滦州镇抗战时期的革命史进行调研。

3 个多月的时间，我们两个老人骑着自行车，顶着烈日、冒着酷暑，走遍了全镇 91 个街村，或到田间地头，或到百姓炕头，或到村委会，走访了 75 岁以上 451 名耄耋老人，召开了 120 次座谈会，行程 2200 多里，摸清了全镇遭受日本鬼子杀害的民众及财产损失状况，撰写了十几万字的《调研专题》。

不访不知道，一访吓一跳。原来，仅我们滦州镇就有这么多的受害者，也有这么多英勇顽强的抗战英雄。这是多么好的教育素材呀！现在的孩子们都生在红旗下，长在新时代，无忧无虑地生活学习着，多数对过去的历史并不知情，不知道老一辈人所受的苦、所经历的难、所进行的艰苦卓绝的奋斗。

我觉得自己有责任让孩子们知道今天的幸福生活是怎么来的。为此，我经过认真整理，将调研情况编辑成 8 个专题，形成独具特色、生动鲜活的乡土教材。

从 2007 年起，我们组成老年团，向全镇中小学校学生进行宣讲，进行革命传统教育、爱国主义教育、

骆宗明在小学进行革命教育宣讲

荣誉证书

法制教育、德孝教育、时政教育，连续15年从未间断，我们被孩子们亲切地称为"老爷爷宣讲团"。

◎老有所乐，让精神世界跟上新时代的步伐

我有一个求学好记的好习惯。一生都爱好学习，求知欲强，早晨联播天天听，晚间新闻天天看，报纸内容日日读，书报精点年年剪，分门别类订成册，留作查询用方便。

我从2004年开始，进行剪报集册活动，现已剪报集册82本，共分20大类：健身、养生、饮食、烹调、防病、偏方、窍门、禁忌、提醒、奇特、对联、生物、知识、经验、说笑、书画、修养、诗词、老年、时政。共计4239页，12万条信息，十几年连续不间断。

《河北日报》为庆祝新中国成立70周年，从2018年4月6日起设置了《为了民族复兴 英雄烈士谱》专栏，截至2020年7月底，我将报纸中722名英烈的照片及英雄事迹剪下来，标好序号，粘贴到《河北日报》上，装订成册。这些内容，成为我们"老爷爷宣讲团"宣讲红色故事的宝贵资料，让红色基因融入血脉，代代相传。

《人民日报》从2021年1月19日开设《奋斗百年路 启航新征程》专栏，我收集了百年党史的奋

斗大事件共 25 篇。《人民日报》从 2021 年 6 月开始刊登先烈英雄故事,共计 94 名英烈、7 个集体的事迹。我全部剪下来,装订成册。《河北日报》从 2021 年 4 月 5 日起,开设《奋斗百年路·启航新征程 燕赵英烈》专栏。至 2022 年年初,我剪辑收藏燕赵英烈照片和事迹 176 篇。

新冠肺炎疫情战役打响以来,我从"疫情就是命令、防控就是责任、生命重于泰山"三个方面,收集报纸素材 1036 页,并按疫情日报、抗疫英雄故事、抗疫无国界、防控见真情、滦州抗疫史记、防控融媒集锦、个体榜样漫画、群体英雄漫画、书画防疫漫画、广告宣传漫画等类装订起来。

做剪报的第一步是读报。每天下午 4 点,邮递员准时将报刊送到我家。我会戴上老花镜,认真读刊看报,发现好的内容,就剪下来保存。

骆宗明正在阅读报纸

尊崇英雄烈士
守护精神家园

紧扣时代主题
讲好中国故事

剪辑《河北日报》·为了民族复兴《英雄烈士谱》
共编辑67页、722 名烈士英雄及英雄事迹。（截止时间：2018年4月6日至2020年7月6日）以及其一次党员讲好党的故事的英雄教材。

传承红色基因·讲好中国故事

2018年4月，河北日报改版专栏——为了民族复兴，英雄烈士谱。英雄固不惜牺牲自我的我国从长征时期、抗日时期、解放战争时期、国内民战阶段从建国后各个时期的英雄烈士故事、有职业、好事迹、以宏扬精神发扬文统。同时用好这些红色资源，生动讲好党的故事新民枢纽机构人民军队革命史、英雄史，以激发根本之魂，新中国来之不易、中国精气社会主义来之不易更是都吸收做到：从好继承。

本《为了民族复兴、英雄烈士谱》载至2020年七月已标清六十四页，共计七百二十二位英雄烈士人物介绍、图也及事迹始终在继续。

接前页

（手写名单内容）

河北日报

尊崇英雄烈士 守护
——写在"为了民族复兴·英雄

谢文锦：
为革命我们不怕牺牲

早期中国工人运动的
卓越领袖——林伟民

青年英烈
革命何

"有名的工人运动的
组织者"郭亮

王一飞：不为时代之落伍者

马克思

英雄烈士谱》剪报集册

在集报时，我不是简单地剪报装订，而是按时间脉络标注序号，按报纸名称，将剪报内容粘贴在相应的报纸上，这样能够直观些，便于查看。

每个装订成册的剪报，在封面上都用不同字体的大字写出名称，有的还插个图，颇有设计感，这得益于我在老年大学所学的书法绘画技能。从 2004 年到 2009 年，我在滦县上了四年老年大学，学习了草书、行书、隶书、楷书、篆书、毛体等书法，临摹、创作了很多古诗词……

我还在简报的扉页上贴上详细目录，在杂志旁边贴上标签纸，做好标记。做这些的时候，我心情愉悦，看着简报上呈现出我们国家日新月异的发展，各项事业蒸蒸日上，再加上自己的"艺术再创造"，真是满心欢喜。

2019 年 8 月 10 日，十届全国人大常委会副委员长、中国关工委主任顾秀莲，来到滦城街道关工委，步入"五老工作站"，她第一眼就看见了我的剪报"为了民族复兴 英雄烈士谱"。她掀开，看到从一份份报纸上剪切下来的一个个烈士照片和事迹按编号有序排列，粘贴成册，标题设计美观新颖，目录书写清晰醒目，有的前面有前言，有的后面附后记，一本本，整整齐齐，井然有序，不禁对我竖起了大拇指，为我们"五老工作站"的认真、负责、爱国爱民情点赞。

领导的肯定，更坚定了我们利用好这一教材宣传英雄事迹，立德树人跟党走的信念。

为传承党魂、延续国脉，包括我在内的很多老同志都把我收集的 722 位烈士的英雄事迹和庚子年收集的 125 位抗疫英雄的故事，向孩子们讲述。让学生们传承红色基因，感受共产主义信仰，培养和践行社会主义核心价值观，担负起立德树人的光荣使命，让红色基因代代相传……

骆宗明在滦城街道关工委会议室向顾秀莲介绍《为了民族复兴 英雄烈士谱》的照片及报道

物质生活是精神生活的基础，精神生活是物质生活的开华。新中国成立至今，我们国家从站起来、富起来到强起来，人民群众物质生活得到极大改善的同时，也受到了精神文化的滋养。

　　从骆宗明老人身上，我们深切地感受到：在贫寒困苦的日子里，人们为了"一张嘴"而努力，在国富民强的今天，当基本生活得到保障后，人们有大把的时间可以去享受文化的精神之乐。

　　新中国成立至今，人民在实践创造中进行文化创造、在历史进步中实现文化进步。说到底，所有的一切都源于不断完善的国家政策，尤其是文化建设的不断加强，这也让更多的人树立了积极向上的人生态度。

我母亲也好，或者是我的大哥大嫂，他们是生不逢时啊，没有赶上新时代的好时候。现在这么好的医疗条件，如果他们活到现在，一定能够多活些日子。

第六章

医之账

从缺医少药到百病无忧

医之账

从缺医少药到百病无忧

先来讲一个遥远的传说。那还是远古时代，人类生活环境恶劣，常受风寒雨湿、虫蜇鼠咬而感染各种疾病。一方面五谷与杂草混生，另一方面药材与杂草共长，人类对于疾患的治疗常常束手无策。

人类的痛苦被神农氏看在了眼里。

怎样才能让人类少受疾患之苦？

神农氏苦思冥想，终于想出了办法。他踏遍千山万水，亲自品尝各种草药，中毒不下百次。他的精神感动了天帝，天帝赐予他一条神鞭，只要用鞭子往草上一抽，就可以知道这种草是不是有毒，能治什么病。神农把这些草药的功效总结起来，代代口耳相传，于汉时集结成《神农本草经》一书，成为日后人们治病的依据。

从此，人类有了医药。

传说也好，故事也罢，毋庸置疑的是，世代繁衍生息的人类，从来都逃脱不了生老病死铁定的自然规律。

是的，医疗卫生事业关系人民群众的生老病死，与人民群众切身利益密切相关，是社会高度关注的热点，也是实现经济与社会协调发展，构建社会主义和谐社会的重要内容之一。

新中国成立以来，我们国家的医疗卫生事业几经改革，不断完善、充实、发展，人民群众生命健康得到有效保障。从缺医少药到百病无忧，人民群众对于医疗卫生事业的深切体验和感受，无不折射出国家的发展。

接下来，我们不妨跟随骆宗明老人的思绪，一起回忆那被疾病困扰的年代，一起回忆一位八旬老人见证国家医药卫生事业发展的历程，让我们在曾经的无奈与无助中，感受新时代医药卫生事业发展带给一个普通家庭的幸福感……

合作医疗点

◎缺医少药的年月

母亲去世时，年仅 52 岁。

52 岁，按照现在我们的眼光，正值壮年之龄，可对于那时候的人来说，国家正处于困难时期，饮食营养跟不上，最重要的是缺医少药，实在是没有办法。

听老人讲，母亲是在 1941 年 3 月，生我坐月子的时候落下了毛病，从此身体每况愈下。

那时，内忧外患，我家日子过得紧巴巴，再加上家里有三个孩子，生活特别困难，父亲每天在外奔波劳碌以糊口。母亲本来就体弱，生我的时候是早春，乍暖还寒。在母亲月子期间的一天，父亲出去劳作了，我 9 岁的大哥和 5 岁的二哥出去玩了，母亲特别口渴，想喝口水，喊人却没人应。

月子里的母亲，连一口水都喝不上。每想到这，我就愧疚难过。

入冬后，我们这里都会用没长成的秕白菜积一大缸积菜，也就是我们常说的酸菜，以备漫长的冬季和青黄不接的早春补饥。因为没有取暖设施，仅靠柴火烧炕，别说屋外，就是屋内也冷得伸不出手。为防止积菜上冻，都是把积菜缸放到屋内，我家的积菜缸紧挨着炕。

头上包着一个破头巾坐月子的母亲，实在口渴难忍，爬起身，往前蹭了蹭，拿起积菜缸上的葫芦瓢，就舀了半瓢积菜汤，咕咚咕咚喝下去。冰凉酸馊的积菜汤一下肚，母亲一会儿就肚子疼起来，疼得她大汗淋漓。

当时，村里根本没有任何医疗设施和医生，即便母亲生我，也只是村里的"老娘婆"给接生的。而且，依我家的条件，也没钱去医院看病，父亲只是给母亲烧了些开水喝。但从此，我母亲就落下了病根，身体更加虚弱，常常不舒服。母亲直到1960年去世，也没去过一次医院，根本就不知道她得的是什么病。

新中国成立以来，在中国共产党的坚强领导和全国各族人民共同努力下，人们生活质量不断提高，医疗卫生水平和人民健康水平也有了前所未有的提升。

回顾七十余年的风雨历程，我国的医疗卫生事业取得了重大的发展与成就。1949年，我国孕产妇死亡率高达15‰，婴儿死亡率高达200‰，人均预期寿命仅有35岁；国家卫生健康委员会2022年7月发布的《2021年我国卫生健康事业发展统计公报》显示，2021年，全国孕产妇死亡率下降到0.161‰，婴儿死亡率下降到5.0‰，人均寿命达到78.2岁。

与此同时，医疗卫生基础设施条件不断改善。截至2021年末，我国共有医疗卫生机构103.09万个，其中医院 3.66 万个,公立医院 1.18 万个,民营医院 2.48 万个;基层医疗卫生机构 97.78 万个,其中乡镇卫生院 3.49 万个,社区卫生服务中心(站)3.62 万个,诊所和医务室 27.11 万个,村卫生室 59.93 万个;专业公共卫生机构 1.33 万个,其中疾病预防控制中心 3376 个,卫生监督机构 3010 个。卫生技术人员 1124.2 万人,其中执业医师和执业助理医师 428.7 万人,注册护士 501.8 万人。医疗卫生机构床位 944.8 万张,其中医院 741.3 万张,基层医疗卫生机构 171.2 万张。全年总诊疗人次 84.7 亿人次。

新中国成立七十余年来,医疗卫生事业一直受到国家重视,在探索中前行,在改革中进步。回顾过往,七十余年的医疗改革发展历程,大致可以分为三个阶段。

2016—2021 年中国 60 岁及以上人口数量及占比统计表

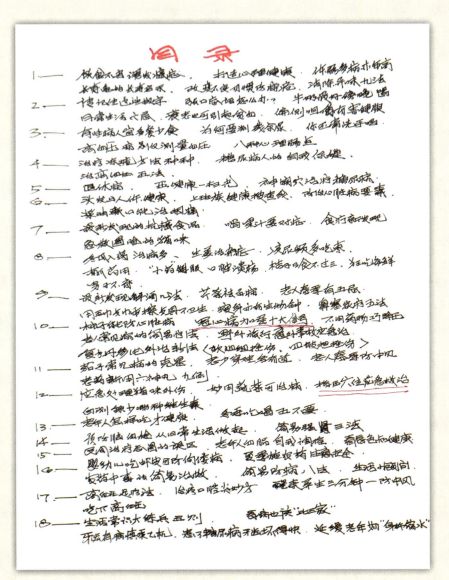

养生保健剪报目录

第一个阶段 1949—1978 年。

此阶段以集体主义为主，医疗卫生制度建立在社会主义计划经济之上，即以各级政府提供的公共医疗服务为主，在城镇地区由公共财政支持，在农村地区由社区筹款支持。这种平等主义社会模式运用强有力的政府结构来保障健康。农村地区的集体农庄和城镇地区的工作单元都为其成员提供医疗保健服务。义务医疗保险和初级保健可以经由集体农庄或单位直达个人。在此条件下，许多不同的治疗层级产生了，再加上派遣赤脚医生为当地提供初级保健的创造性举措，使得整个中国社会的人口健康水平有了显著提高。

到 20 世纪 70 年代中期，我国已经建成有效的农村医疗体制。它为一系列的制度安排所支撑，包括得当的设备和人员网络、占医疗支出很大比例的社会融资，以及协调医疗服务提供者和鼓励医疗工作者为社区服务的机制。

城镇地区同样也有与国家财政支持和垂直行政体系相结合、高效率组织管理的医疗体制。与农村地区不同的是，城镇医疗体制依靠医疗服务机构来提供医疗保障。患者只需要缴付很小一笔费用。医务人员像农村的赤脚医生那样，完成基本初级保健任务后，在需要时将病人转入上级医疗机构。

◎有病难医的日子

大哥骆宗和，比我大9岁，他一辈子吃了很多苦，命运坎坷。

因为家里穷，大哥为了让我和我二哥上学，自己一天学也没上过，每天帮父亲干活，勤劳能干，吃苦耐劳。

我8岁开始上学，那时，我们村还没有正规学校，在村里唐润泽家的东厢房里上课。因为穷，上学的孩子不多，老师更少，开设复式班。

记得我上二年级时，二哥上四年级，我俩正好在一个复式班里上课。也没有正式的黑板，教室前边是一块横木板，刷黑了用粉笔在上面写字，下面是土坯搭腿。十几个学生，跟老师读"人、一个人，手、左右手，一个人有两只手……"，像这样上国语课或上算术课。回家后，我常常给大哥讲一些上学的事，大哥很是羡慕我。

1950年，大哥18岁那年成了一名中国人民志愿军，两年后复员回家。结婚后生了5个儿子、1个女儿。孩子们又多，大哥每天都老黄牛一样苦哈哈埋头干活，仅靠土里刨食，家里仍是缺衣少食。

大哥常常胃痛，疼得厉害时，也只是从村里赤脚医生那里买点儿药顶一下……

1992年，比我大哥小四岁的56岁的大嫂，因哮喘而撒手人寰。后来，大哥胃病越来越严重，吃东西再也咽不下去，才去滦县医院检查，被确诊为胃癌。我去陪床时，看到大哥瘦得皮包骨，腿还没有我的胳膊粗。因没钱治病，只住了几天就出院了。1997年8月23日，大哥带着对孩子们的不舍离开了人世，那年他65岁。

说起村里的医疗卫生情况，我对几件事记忆犹新：

1965年，农村开始自办合作医疗，由大队推荐文化程度相对较高的村民到县卫生部门培训，回村后，边劳动边为村民治病，生产大队给记工分外加微量补助，称为"半农半医"或"赤脚医生"。

1970年，农村普遍兴办合作医疗，大队、小队、社员个人按一定比例出资，产生一个以大队为报销单位的合作医疗基金。社员得了病，医疗费用按一定比例报销。但由于当时的经济条件差，村里不能维持基金的运转，合作医疗的事就没坚持下来。

1973年，公社有了卫生院，卫生院有一定的医疗设备和专职医生，老百姓看病方便多了。农村经济体制改革以后，乡村医疗卫生院主要靠村医承包经营，到1986年，村级卫生组织失控。1990年按照省卫生厅规定进行整顿，实行"两证、两金、四有、六统一"的管理办法，取缔非法行医卖药。2006年，由国家出大头，每人每年出10元，建立新的合作医疗保险。

说实话，我母亲也好，或者是我的大哥大嫂，他们是生不逢时啊，没有赶上新时代的好时候。现在这么好的医疗条件，如果他们活到现在，一定能够多活些日子。但这些，也只能是成为心里的遗憾了。

　　第二个阶段 1979—2003 年。

　　我国医疗服务水平得到了质的提高。平均预期寿命从 1981 年的 67.9 岁提高到 2003 年的 71.8 岁。1991—2005 年，新生儿死亡率从每千人 50.2 降至每千人 19，孕妇死亡率从每千人 88.9 降至每千人 47.7。

　　与此同时，我国的基本医疗系统相对全面，但是医疗服务费用增加，且医疗服务费用支出大多落在了患者身上，政府承担医疗服务费用部分逐年减少。20 世纪 80 年代初期，全部的机构收入都由政府预算来完成，到了 1992 年，政府对医疗机构的收入贡献率已减至 35%。预算差额由收取的医疗服务费来补足。

　　此阶段，为公共医疗提供资金的责任最终落在了个人身上。2003 年中国国民健康调查显示，在 4 级农村地区约有占总人口 68% 的民众因为价格原因拒绝寻求医疗救助，中国每年大约有 3% 的家庭被医疗费用拖入贫困。这和当时我国医疗保险覆盖率不足、自费医疗费用高有着极大的关系。

◎先治病后结算，百姓之幸

我小舅子叫李海峰，西李兴庄人。1992年他42岁那年得了一场大病。

那是8月的一天，天气特别热，没有一丝风，太阳毒辣辣地照着，树叶、庄稼都蔫巴巴的。男人们都光着上身，依然汗流浃背。

在小舅子家的院内，有一个牛棚，虽然没了牛，但棚子还在，牛槽子还在。因为是敞棚，里面有遮阴，稍微凉快一些。而牛槽子是石槽，摸上去光滑又有一股凉意。那时的农家，降温只能靠扇扇子，除了一把蒲扇，就再也没有了其他的设施设备了。

大中午，小舅子热得心烦气躁，出门发现了石槽，灵机一动，光膀子躺到石槽里，立刻感到了透心的凉。不一会儿，他就睡着了。

等他醒来时，全身麻木，失去了知觉。忙喊媳妇，大家把他抬了出来，赶紧送往县医院。那时，县医院的医疗水平还很有限，医生说这病他根本治不了，让家人送去大医院看看。

转去天津总医院，经神经科检查，患上了格林－巴利综合征，又称急性炎症性脱髓鞘性多神经根病，这在当时很罕见。

为了照顾他，他二姨在医院住了三个月，我也请

116

假一个月照顾他，小舅子在医院一共住了四个月。

他全身不能动，嘴巴不能说话，肺失去了功能。从脖子上把气管切开，每天要推一个氧气罐。因为无法与他进行语言交流，我就教了他一套沟通方式：他要大便，就吧嗒一下嘴；要喝水，就挤挤眼；身体痒了，就抓抓手。后来，这套方法二姨也沿用了下来。

那时，为了治病，小舅子家里把能卖的都卖了，除了亲戚周济帮忙，还借了外债。好在，医院是先治病后结算。四个月后，他渐渐恢复，回来后，在我家养了一年多基本康复了。

应该说，国家的医疗机制一直在向着如何让老百姓更方便看病着想，先治病后结算的机制，一定程度上解了百姓的燃眉之急。

第三个阶段的时间可以界定为 2003 年至今。

此阶段可以认定为新医疗制度时期，2003 年，"新型农村合作医疗制度"的引入，以及公共财政"覆盖农村"战役的打响，使得更多公共资金被投入医疗系统。我国城乡居民医疗卫生负担逐年减轻，寻求医疗救助率在不断提升。

2009 年中共中央、国务院发布《关于深化医药卫生体制改革的意见》，标志新一轮医改开始，医改目标是到 2020 年，覆盖城乡居民的基本医疗卫生制度基本建立。

2009—2011 年，政府投入 8500 亿元，其中中央政府投入 3318 亿元，主要用于完善新型农村医疗制度、初步建立国家基本医药制度、健全基层医疗卫生服务体系、全面建立城镇居民医疗保险制度、强化公共卫生制度、推进医药改革试点等。2012—2015 年，推动支付制度改革、建立重特大疾病保障制度、巩固完善国家基本医药制度。2016—2020 年，致力于建立以公共卫生服务体系、医疗服务体系、医疗保障体系和药品供应保障体系组成的基本医疗制度。

截至 2020 年底，全国基本医疗保险参保人数达 13.6 亿人，参保覆盖面稳定在 95% 以上。国家在提高居民医疗保障方面的投入可谓真金白银，下面列出近年来政府对城乡居民医保的财政补助标准。

2016 年：由每人每年 380 元提高到 420 元。

2017 年：由每人每年 420 元提高到 450 元。

2018 年：由每人每年 450 元提高到 490 元。

2019 年：由每人每年 490 元提高到 520 元。

2020 年：由每人每年 520 元提高到 550 元。

2021 年：由每人每年 550 元提高到 580 元。

2022 年：由每人每年 580 元提高到 610 元。

与之相对应的居民医保个人缴费标准为：2016 年每人每年 150 元，2017 年每人每年 180 元，2018 年每人每年 220 元，2019 年每人每年 250 元，2020 年每人每年 250 元，2021 年每人每年 320 元，2022 年每人每年 350 元。

根据世界卫生组织统计数据，2016 年我国人口占世界卫生组织所有成员国总人口的 18.8%，卫生投入仅占 8.2%。2018 年我国人均预期寿命达到 77 岁，比 1949 年的 35 岁提高了 42 岁；2018 年全国孕产妇死亡率较 1990 年下降了 79.4%，婴儿死亡率较 1990 年下降了 87.8%……

祖国在发展强大，医疗卫生事业从来也没有掉队。我国用不到世界 1/13 的卫生投入解决了世界近 1/5 人口的健康问题。

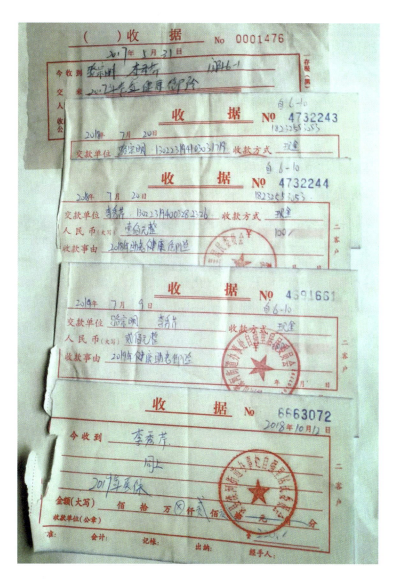

骆宗明、李秀芹购买的健康助老保险收据

◎医药无忧，我们赶上了好时代

2010年7月28日夜里，我腹部开始胀痛，一阵疼似一阵。起初以为是胃疼，怕影响老伴睡觉，也没吱声，自己强忍着，翻来覆去地折腾。这样大约持续了四五个小时，后来伴有胸闷、胸疼，且呕吐。老伴觉轻，也醒了，看我疼痛的样子，赶紧给二女儿打电话。二女儿急忙打了120，便匆匆赶过来。到医院挂的急诊，先是照着胃病治的，还是疼痛，于7月29日早5点转到心内科。

经诊断，是冠状动脉粥样硬化性心脏病，急性冠脉综合征，心功能 I 级。办了入院手续，开始有针对性地输液治疗，疼痛得以缓解。

恰好，第二天北京专家要来县医院开展坐诊、手术等诊疗"帮教带"工作，让广大百姓在家门口享受国内专家的优质医疗服务。胸科主任同我谈话，建议我做进一步检查。通过心脏造影，发现我有一血管已堵塞80%，专家建议我下支架。我同意后，先进行全身检查，为手术做准备。7月31日，在北京专家的指导下，胸科主任为我做了冠脉支架植入术，植入两个支架。术后状态良好，共住院6天，于2010年8月4日出院。现在，我各项指标正常，状态非常好。

这次住院，我一共花了5万多元，经过职工医保报销近 4 万元，我个人仅花费 1 万多元。我每天早晚吃的阿司匹林、单硝酸异山梨酯等维护药，都是用医保卡买的。医保按照养老金的 10% 给付，医药无忧。

现在，即便县级医院，医疗条件也大幅改善，各种现代化医疗设备应有尽有，很多大病都能在县医院治疗。农民有新农合，职工有医保，报销比例都很高，百姓看病不再难，我们真是赶上了好时代！

2010 年住院费用清单

◎从看病易到重养生，健康是最大的幸福

现在，老百姓生活好了，更加注重健康，也都懂得了养生。

我每天早起在屋前的窗台上压腿。每天踩在自制按摩器上，脚尖、脚心、脚后跟，三个部位——都锻炼过来，边踮脚边手揉搓肚子。

每天用手梳头，前前后后，左左右右，整个头部都梳理过来，约 100 次。用手搓脸，搓耳朵，揉眼眶，扣齿、拍打身体等，全身每天都锻炼过来。每天早晨，我的微信运动步数均有 3000 步。吃完早饭，我们老两口围着小区转一圈，与早起运动加起来，大约 6000 步。再加上白天出来进去的，少说也有七八千步。

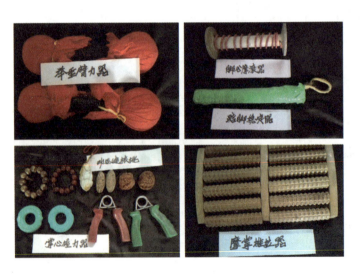

自制健身按摩工具

在家锻炼身体

现在老伴李秀芹啥毛病也没有，和我一样每天都迈到床栏上压腿。以前她有哮喘，通过每天做 100 个扩胸运动，现在好多了，基本上不喘了。我和老伴每天做一个多小时的晨练健身操，每天晚上 6 点到 7 点边看新闻边泡脚、拍打身体、按摩头部等，晚上睡觉前进行翻身打滚、屈膝蹬腿等动作，对腰椎很好。现在我们八十多岁了，腰不弯，腿脚利落。

早上起床后，我们俩每人每天喝水一斤，兑上自己做的醋一勺、蜂蜜一勺。喝完水后，每人再喝一勺三七粉、一袋高钙奶粉。白天很少喝水了。每天晚上坚持泡脚，边泡脚边用手拍打胳膊肘、腋窝、前胸。

这些养生、保健、饮食等知识，基本上是从养生保健报纸上学习到并摘录下来的。我们还把这些养生知识推广给大家，老同志们都特别喜欢。

我们俩身体都很好，不用闺女们照顾，平时她们给我们买些吃的、穿的，生活上我们都能自己料理。

闺女们也受我们老两口影响，也都锻炼身体。大闺女退休了，每天坚持锻炼。前几年她腰椎间盘突出，特别严重，后背的皮都脱了很多。后来，北京来了个老中医，检查后说是股骨头坏死，经过他的治疗，她的腰一天比一天好。现在，她每天骑一个小时的自行车。四闺女是每天晚上跳舞，跳一个多小时。三女儿是每天健步走一个多小时。二女儿每天早晨和下午进行平甩功、站桩和八段锦锻炼，身体非常好。

二女儿骆艳华在锻炼身体

健康是促进人的全面发展的必然要求，是经济社会发展的基础条件，是民族昌盛和国家富强的重要标志。

全民健康才有全面小康，关注健康，先从身体指标开始。

据国家统计局公布的数据，2021 年，全国老年人口达到 2.67 亿人，老龄化水平达到 18.9%，其中 80 岁以上老年人超 3000 万人，预计到 2025 年，我国 60 岁以上人口将超过 3 亿，我国将成为超老年型国家。

由此，养生产业成为不容忽视的话题，医养结合的养老，成为不容回避的话题。

是的，健康是人类永恒的追求，连着千家万户的幸福，关系国家和民族的未来。

党的十八大以来，以习近平同志为核心的党中央把维护人民健康摆在更加突出的位置，召开全国卫生与健康大会，确立新时代卫生与健康工作方针，发出建设健康中国的号召，明确了建设健康中国的大政方针和行动纲领，人民健康状况和基本医疗卫生服务的公平性、可及性持续改善。尤其是在抗击新冠肺炎疫情的斗争中，我国坚持人民至上、生命至上，始终把人民生命安全和身体健康放在第一位，把人民健康放在优先发展的战略地位，努力全方位全周期保障人民健康。

人民健康是现代化最重要的指标，也是人民幸福生活的基础。中国特色社会主义进入新时代，人民群众对美好生活有了新期盼，对卫生健康事业提出了新要求。人民群众不仅要求看得上病、看得好病，看病更舒心、服务更体贴，更希望不得病、少得病。

现实中，我们国家全面推进健康中国建设，坚持把人民健康放在优先发展的战略地位，把增进人民健康福祉作为发展的重要目的，不断提高卫生健康供给和服务水平，加快形成有利于健康的生活方式、生态环境和经济社会发展方式，实现了健康与经济社会协调发展。

党的二十大报告提出，要推进健康中国建设，把保障人民健康放在优先发展的战略位置。

从十九大报告"实施健康中国战略"到二十大报告"推进健康中国建设"，人民的幸福生活，健康最为重要。

回想骆宗明老人给我们所讲的那些事，看病难、求医难等问题，已然成为难忘的故事。新时代的今天，新的故事还在继续发生着，只不过，这是关乎人民群众获得感、幸福感、安全感的更加充实、更有保障、更可持续、更加丰富和精彩的中国故事。

现在，人们普遍吃得好了，鱼、肉、蛋、奶充足，各种蔬菜、水果应有尽有。吃得好了，也懂得养生了。

第七章 食之账

从食不果腹到五谷百味

食之账

从食不果腹到五谷百味

国以民为先，民以食为天。

与人们生活息息相关的事情中，"吃"绝对可以居于首位。

自然，在身体所有的感知器官中，味蕾也最能唤起人们内心深处的记忆。一个时代有一个时代的印痕，一个时代有一个时代的味觉。酸甜苦辣咸，是味蕾的直觉，是生活的味道，也是时间和岁月留在每个人心中的百般滋味。

生活中，我们总会听到这样的话：现在这么多好吃的，可是怎么就没有小时候的味道了呢？

这不禁引发了我们的思考：小时候食物的味道是什么样的？为何小时候的味道最令我们记忆犹新？随着时代的发展，食物资源的丰富及饮食结构的变化是一方面，但从更深层次来看，人们通过味蕾记忆获取的信息，才是让我们念念不忘的根本原因。常言道，只有享不了的福，没有受不了的苦。"苦"常常刻骨铭心，这又何尝不是最难忘的味道？

新中国成立 70 余年来，人们日常生活中变化最大、最为直观的莫过于饮食。从粗茶淡饭到美味佳肴，从吃饱到吃好，再到吃得安全、吃得健康……饮食之变，为广大中国百姓带来了唇齿舌尖的幸福感和生活中的获得感。而与人们饮食不断变化相呼应的，是国家砥砺前行的铿锵步伐，是社会经济的飞速发展，是人民收入的不断提高……

翻开骆宗明老人那一册册的账本，一段段关于他们那一代人所经历的关于"吃"的画面慢慢浮现在我们眼前。

◎不光吃糠咽菜，连树皮都吃

我小时候家里特别穷，白薯是主粮，破米粥是家常便饭。所谓的破米粥，就是把玉米、高粱、稗子、糜黍等碾成细渣做成的粥，我上学带饭都是拿炸熟晾晒到房顶上的冻白薯或白薯蓣。

上滦县一中时，家中困难，我从不敢浪费一粒粮食，也不舍得花一分钱。每逢回家周或假日，从学校到家里 20 多里地都是走路往返，因此，同学们给我起了个外号，叫"小省子"。

1958年兴起了公共食堂，生产队把各户粮食集中到队里，中午拣着好的吃，高粱干饭、玉米饼子等，早晚为秫米粥或破米粥。有的人在食堂吃，大多数人把饭打回家吃。开饭时，每家出一个人抱着瓦盆到食堂排队，打好饭后，端着盆走半条街，到家饭基本也凉了。后来，生产队的粮食吃完了，百姓的粮食交不上来，公共食堂也就不了了之，社员们各自回家吃小灶。

大锅没有了就用小锅，自家积蓄的粮食和瓜果、青菜、野菜掺着吃。勉强维持了几个月后，去挖墙脚的苋菜、车轱辘菜，采嫩柳条……冬天，一切可食用的东西都没有了，就想法造玉米皮淀粉，用碱水、石灰水煮烂后，用搓板搓，搓出来的汤用纱布过一下包，沉淀下来的叫"淀粉"，用野菜搭配着吃，还经常开会交流关于制作这些代食品的经验。

1959年到1961年，是我们滦县人民最困难的时期。连续两年下大雨，以致滦河水泛滥成灾，农田被大面积淹掉，许多庄稼被冲走或颗粒无收，每人每天平均口粮4至6两，有的生产队3两左右，每个月的油票也就二三两。为了充饥，人们想方设法寻找代食品，以"瓜菜代"勉强果腹，就是以各种野菜、树皮、树叶等来代替粮食，除此外，玉米棒芯、

1949年我国粮食产量只有2263.6亿斤，无法满足人们温饱需求；2021年提高到13657亿斤，粮食人均占有量超过世界平均水平，粮食供给总量充足、库存充裕。

骆宗明收藏的社员证、粮油供应证、购煤证

花生皮等，经过碾压后，掺和到糠中蒸熟，也都上了餐桌。

由于人们吃不饱，营养严重不足，很多人浮肿、生病，生育能力大大下降。一些人为了活命，走着去外地要饭，我家一个亲戚就去要饭了。他们风餐露宿，边走边要，也要不了多少，只能勉强糊口。有的去了更远的地方，成了盲流。

1962年，生产上实行"三自一包"，即自留地、自由市场、自负盈亏和包产到户，分配上实行"按劳分配加照顾"的原则。到1963年，全县低标准、瓜菜代消失，农民生活比以前略有好转，但仍然没有从根本上解决口粮问题，生活日用品依旧匮乏，布匹、肥皂、碱面、煤油、糖、火柴等都需要凭票供应。

那时要想吃肉，必须向国家交售一头肥猪，才能得到2.5斤肉票，即便这样，也往往买不到肉。

过年包饺子的时候，白菜里放点儿肉，多滴几滴花生油，吃着那有点儿肉星的饺子，感觉那个香啊，觉得那便是天下最香的美食了。

到60年代中期，老百姓全靠吃返销粮。我们这里是花生产区，需向国家交售花生，国家按交售花生的多少划拨一定的粮食。这些返销粮，按人口分给社员一定的量，社员自己拿钱去买。粮食品种主要是玉米、杂交高粱，而且都是毛粮。

1965 年刚刚有了好转，紧接着"以粮为纲"的风吹过来，除玉米、高粱、小麦、白薯、花生之外，不许种植其他作物。在劳动率极其低下和耕地有限的情况下，人们吃粮仍然紧张，购粮本一直使用到 1984 年。

1982 年，家庭联产承包责任制实行后，生产效率逐年提高，人民生活水平也随之不断提升，开始讲究粗细搭配，肉、蛋、奶等供应量比过去大幅增加。2006 年，国家已取消农业税，老百姓吃粮的问题得以彻底解决，为吃粮而发愁成为历史……

新中国成立初期，畜产品供应总体不足，改革开放后，尤其是 1985 年国家放开猪肉、蛋、禽、牛奶等畜产品价格后，畜产品产量不断攀升，肉、蛋、奶产量多年来一直稳居世界前列。

说起吃肉，骆宗明老人的大女儿骆艳红也有着深刻的记忆。不过，女儿的记忆与老人的经历相比，又有着许多不同。由此，我们也可以从两代人的故事里，感受到更为立体的生活变化。

◎难忘过年猪肉香

小时候就盼着过年，因为只有过年的时候，我们才可以吃到香喷喷的肉。

那是一年中满村飘香的时刻。我们小孩子的高兴劲儿，就跟裤腿里的跳蚤遇到了热炕头，兴奋得跑出来到处乱蹦。

一般在腊月二十以后，小年以前，村里会以生产队为单位，组织杀猪分肉。

生产队的猪，都养在饲养处，那里有牲口棚子和猪圈，有专门的饲养员。因当时人还挨饿，猪吃得更差，野菜、打场的豆叶子、花生秧子、白薯秧子、玉米皮子等，都是猪的饲料。猪饲养一年也就一百多斤，哪像现在，一头猪足有好几百斤。

我们村有八个生产队，我家属于二队。年前，各生产队都组织杀猪，场所就在生产队饲养处，一个生产队杀三五头猪，按人口每人分两三斤或三四斤肉不等，这是根据养猪情况决定的。

那几天，村子热闹沸腾着。杀猪那天，生产队饲养处里到处是人。几个壮劳力进到猪圈追着逮猪，有拿绳子往脖子上套的，有抻后腿的，有拽耳朵的，有抓尾巴的。猪可能意识到大难临头，不断躲闪、挣扎，连逃带窜，被撵得嗷嗷地拼命喊叫，吓得屎尿乱撒。逮猪人也是狼狈，有时一个不小心，就会跌一跤，踩上猪粪，或者被猪尿在身上，他们也不恼，笑骂着该死的猪。另外一些大人跟着指挥、哄笑，孩子们蹿前蹿后，喊着闹着尖叫着。

好不容易将猪逮着，几个人用事先准备好的绳子把猪捆上，放到用门板搭好的案板上。怕猪蹬腿踢散绳子，还有人按压着猪。

杀猪时，老老少少都围观看热闹。

第一步是放血。这个过程有的人是不敢看的，又想看，就远远地乜斜着，有时把头扭过去。放血时，让猪侧躺，屠夫用尖刀从猪咽喉处一刀捅进去，猪血喷涌而出，流到提前准备好的盆里。盆里提前加了些盐，用力搅拌均匀，等血凝固后，用开水慢火煮熟。用白菜或韭菜炒猪血，细滑紧致，特别好吃。

然后在猪后蹄割一个口子，用两米来长、一厘米来粗的铁棍顺着猪皮捅几下，使劲往里吹气，每吹几下，就用桑木棍敲打，使气体流溢到猪身体各处，猪的身体就鼓胀起来了。这样，便于刮掉猪毛。把水烧到适当的温度，水不能烧开了，水温低了也不起作用，只有水在大响边的时候才是刮猪毛的最佳时刻。

把猪毛剃干净后，脏兮兮的猪变成了白花花的赤条子。接下来开膛，把内脏拿出，猪头摘下，猪后蹄用铁钩子挂到事先搭好的架子上，用凉水冲洗干净，顺着一分为二，用大秤称出重量。至此，杀猪过程就完成了。

之后，便是大家期盼已久的分猪肉了。

分肉时按提前抓阄的号，人们早就按顺序自觉地排好队，眼巴巴地瞅着案板上还冒着热乎气儿的新鲜肉，内心祈祷着分到好肉，既紧张、兴奋又忐忑不安。

那时所谓的好肉，就是肥肉，越肥越好。因当时的农村生活水平低，缺衣少食，一年到头吃不上肉。肥肉不但解馋，还能熬出油来。所以，肥肉是人人想要的。

除了肥肉，猪头也是家家户户盼着抓到的。一个猪头有七八斤，拆开有猪耳朵、猪舌头、猪鼻子、猪头肉等，比抓的肉要好得多，所以人人都争着抢猪头。为了公平，只能抓阄定猪头，谁抓到算谁的。

分到瘦肉的人，心里一百个不乐意，叹息着：哎，这臭手，抓的啥阄嘛，这么点儿瘦肉，不解馋，不顶用，这年都过不好。明年我可不来抓阄了，得让媳妇或娃子来抓。再怎么懊悔，也是无济于事的。农村有这样一句俗话，"人到阄上死"，通过抓阄定命运，再怎么不济，都只能认了。

但最后，不管咋样，大家还是都开心起来，毕竟，过年了，家中有肉了，锅里能飘出香死个人的香味了。

分到了肉，往往是大人拎着肉往家走，边走边提溜起来瞅瞅那肉，眉眼里尽是笑。有的孩子一个不提防，便从大人手里抢过肉来，高高兴兴地一路往家跑，大人在后面紧跟着小跑，嘱咐着孩子："慢点跑，可别把肉弄掉了！"

回到家，到吃饭时大人往往切点儿肉，用大白菜一炒，让孩子先解解馋。一股沁人的香味立时散开，孩子们忍不住吸溜着鼻子。剩下的肉，便包好，冻到院外的大缸里，遮盖严实，一是防老鼠，二是防盗贼，就等着过小年、大年时再吃了。

说到盗贼，还真有过年把肉丢了的。村里有一家临胡同，过小年时早起去院里的缸里取肉，掀开盖子一看，里面除了冻白薯，肉不翼而飞了。当时那大妈"哎呀"一声尖叫，老伴赶紧跑出来看，这一看，他脸色一下子变白了，一拍大腿，骂道："王八羔子，缺德做损呀！"两口子气得大病一场。

因为穷，盗贼多。因为穷，还有个吃肉的趣事。

听我姥姥说，他们村有一家爷仨一起过，老爷子三个儿子，老伴早在中年就去世了。大儿子结婚分家另过，二儿子和老儿子因为家里穷都没说上媳妇，爷仨住在一起。三个男人在一起，心比较散，又懒惰，有一搭没一搭地过日子。小年那天，爷仨炖肉，不一会儿，肉香就出来了，爷仨清汤寡水惯了，这香味逗引得馋虫子一下子七挠八抓的。先是老儿子没忍住，用勺子从锅里捞起一块肉，说："我尝尝咸淡。"一下子将肉囫囵一嚼便咽了。二儿子一看，抢过勺子："我也尝尝盐味儿。"吸溜着也不怕烫嘴，也吃下一块。老爷子一看这阵势，说："你们能尝出个啥？还是我来尝吧！"也吃了一块。就这样，爷仨在肉还没熟的情况下，你一块我一块地抢着吃，等到肉熟了，锅里也没几块肉了。

这事儿咋传出来的？是老三，他爱说爱唠，还爱吹牛。他跟隔壁刚子说："我们家的肉，一边炖一边吃，便越吃越香，等炖熟了，也吃完咧。"一时，在村里传开了。

现在，农村发生了翻天覆地的变化，家家户户几乎天天有肉吃，冰箱里储存着各种肉、蛋……

多少年过去了，骆艳红对儿时杀年猪吃肉的事情依然记忆犹新，很多细节仿佛就在眼前。人们之所以对一些经历记忆深刻，往往因为它们与苦难有着千丝万缕的联系。

回眸过往，新中国成立前，饥寒交迫伴随着苦难的国家、民族和人民，灾荒之年更苦不堪言。新中国成立后，社会发展百废待兴、渐入正轨，但由于生产落后、物资匮乏，吃不饱、吃不好现象依旧存在。

计划经济时代，国家实行粮食统一购销政策，发放粮票，定额分配。20世纪70年代，米饭、白馒头是"奢侈品"，萝卜、大白菜一度成为主菜。80年代，随着改革开放的深入，人们的生活水平有了较为明显的提升，已经不再为"吃不饱"发愁，粗粮食品逐渐从百姓的餐桌上淡出，细粮成为餐桌上的主角。进入90年代，逐渐富裕起来的人们对食物的要求越来越高，大街小巷也出现了各种档次和风味的餐厅。从那时开始，

"下馆子"已不是什么遥不可及的事。

进入新世纪后，人们除了讲究美味和营养外，更加注重饮食健康。此时，人们不只是考虑价格，蔬菜要吃新鲜的，粮食要吃当年的，鸡鸭要吃现宰的，鱼要吃欢蹦乱跳的……品质成为新的关注点。人们在注重饮食健康、养生的同时，还赋予了"吃"新的功能，那就是如何通过美食来获得一种别样的满足感和幸福感。

不同时代的人经营着不同时代的生活，尤其关于吃，总能令人刻骨铭心。今天，当各式各样的美食让我们的味蕾得到充分满足时，我们似乎感觉缺少了"难忘"，缺少了"难忘"的今天，我们感受到更多的，是吃喝不愁，是大快朵颐，是随心而食。

新时代的今天，中国人正在经历食物消费结构升级和消费方式的深刻转变：食物消费结构呈现主食需求下降，肉蛋奶、蔬菜、水

农贸市场供应充足、品种丰富

目录

1. ——哪些水果不宜同时同食。 两小时内不宜同食的食物
   饮食禁忌。 病人吃水果有讲究。 教你健养哪些
   吃野菜有讲究

2. ——相克的食物搭配。 豆类不宜吃，蔬菜八切同食
   影响吸收的搭配。 中西药混七病禁忌。 食工的几中的误区

3. ——教你饮食误区。 老人吃速食的误区。 九区阻碍儿人吃

4. ——身内的化业禁忌。 胃肠疾病的禁忌
   火锅吃。 饼锅配。 禁光不可取。 大仙的什么

5. ——食物中毒。 相克怎以解。 饮汁汤配治病健脾
   送些藏饮食有病。 吃奶汁饭的处理法

6. ——饮食禁忌。 两种不宜同食的食物。 青笋腐素补足情。
   老年人用药十二忌。 心神健康幕六忌

7. ——喝酒时方哪些饮食禁忌。 有害食物和的物

8. ——随意吃鱼鲜可致有味娱。 生活小窍内。 一不宜搭配小食物

9. ——菲洲的文化禁忌。 老火七忌"别伤饮。 任亦吃饭的三忌
   死仁人用筷不如忌讲

10. ——禁民孩吃的食物 二十五禁

11. ——食物相克36

12. ——10种食物让药物变毒物 九类 吃茄子别生油
   里果虫好吃 出食有禁忌

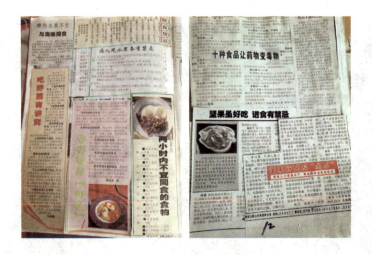

养生简报

果等非主食消费快速增长的趋势，科学合理的膳食正逐步深入人心，饮食更加多样化，在这种新的消费趋势之下，传统的粮食安全概念已经不能满足当前食物消费需求升级的需要，需要树立"大食物观"，构建食物安全保障体系，既要保障"米袋子"安全，也要保障"菜篮子"安全。

谈到健康饮食，骆宗明老人自然也有一番感触在心头。在其分门别类的账册中，我们查阅到关于一些"养生保健"的账册。从另一个角度看，我们的生活好了，衣食无忧了，才有心思去关心和关注这些事情，这真切映射出人们生活的日渐美好和富足。翻阅着这些账册，品尝骆宗明老人给我们呈现的一顿别样的"美食"。

◎五谷百味，吃的是幸福和健康

现在，人们普遍吃得好了，鱼、肉、蛋、奶充足，各种蔬菜、水果应有尽有。吃得好了，也懂得养生了。

每天早饭，我们老两口基本都是吃粥。过去吃粥是为了省粮食，正如明代诗人张方贤写的《煮粥诗》："煮饭何如煮粥强，好同儿女细商量。一升可作二升用，两日堪为六日粮。有客只须添水火，无钱不必作羹汤。莫言淡薄少滋味，淡薄之中滋味长。"诗人从勤俭持家的角度，讲吃粥省粮食的好处。

现在，我们早起吃粥是为了养生。粥也不是单一的粥，而是破米粥、倭瓜粥、白薯粥换着吃。我们俩的饭量很好，一般早起都吃三碗粥，佐以鸡蛋、麻酱、虾皮等。

中午以大米、白面为主食，一般用电饭锅做成白米饭、肉干饭，或做成各种面食，饸饹面、饺子、包子、菜盒子、大饼、馒头等换着样儿吃。

晚上以粥、汤、奶、水果为主，吃得较为清淡。

每天吃一个鸡蛋、喝一袋钙奶、喝一杯冲好的三七粉，每周吃一次红烧肉或鱼类，各种蔬菜、水果每天都吃。粮食结构讲究粗细搭配，营养讲求均衡。

为了吃得健康，也为了锻炼身体，我在我家前院做了几个小畦，种上了韭菜、油麦菜、小白菜、佛手等蔬菜，自己种的不施农药，做菜了就采一把，洗净后嫩生生、水灵灵，新鲜又干净。在后院种了南瓜、豆角，南瓜可在鲜嫩时炒菜吃，也可以在深秋收了后，把一个个又大又黄的南瓜保存好，一年四季可以做南瓜粥吃。

现在，家家户户都改善了生活，吃喝不愁，丰衣足食。尤其电磁炉、电烤箱、空气炸锅等电器设备的购进，让各种美食进了寻常百姓家。中青年人跟着直播学美食制作，然后在朋友圈晾晒出来，这让人隔着屏幕都感觉出幸福甜蜜的滋味。

小院中绿油油的菜地

　　不想自己做，可以去外面吃，早点，宵夜，朋友聚餐，都很普通。滦州古城上，有美食一条街，小吃店、酒楼、饭庄等林林总总，尤其是夏天，乘着树荫，坐在河畔，吃着烧烤，侃着大山，望着火树银花，惬意得很。兰州拉面、云南过桥米线、美国加州牛肉面等在我们滦州随处可见，烤海鲜、烤羊肉、烧鸡、烤鸭等，香飘老远。

　　随着大棚菜的发展，黄瓜、西红柿、豆角、辣椒、西葫芦、芹菜、韭菜、香菜等，一年四季随吃随买，人们的"菜篮子"充盈丰富，日常菜肴一改往昔的单调，日渐丰富多样。

现在，人们在追求饮食的美味和丰富的同时，也在返璞归真，更加关心食材的新鲜和营养，过去用以维系温饱的粗粮和野菜等，因为健康和原生态，又被重新端上人们的饭桌。

> 经过多年努力，我国农产品供给保障能力显著提升，食品加工业快速发展，城乡居民正由吃得饱、吃得好向吃得更安全、更营养、更健康迈进，膳食结构更趋科学，初步形成了以谷物为主，动物性食品为辅，瓜果蔬菜为补充的中国特色东方膳食结构。

还有很多粗粮细做的美食，也备受人们青睐。

美食，既是人们生活智慧的杰作，也是生活富足的表现——不但要吃饱，还要吃得好，品尝食材的原汁原味。吃饱喝足的人们，工作之外，每天锻炼锻炼身体，唱唱歌，跳跳舞，参加一些文化娱乐活动，脸上都洋溢着幸福的笑容。

党的二十大报告提出，树立大食物观，发展设施农业，构建多元化食物供给体系。

所谓向多元化方向转变，反映为粮食直接消费量从增长至稳定再到下降，肉、鱼、蛋、奶、水果等食物消费量快速上升。归根结底，树立"大食物观"，就是为了满足民众更高水平的食物和营养需求。

大食物观的基础和前提是粮食安全。由此，"牢

幸福的一家人

牢守住十八亿亩耕地红线""全方位夯实粮食安全根基"被多次写入党代会报告之中。

据官方统计，2022 年中国粮食产量已达 13731 亿斤，为历史最高水平；人均粮食产量达 480 多公斤，即使不考虑进口和库存也远超国际公认的 400 公斤粮食安全线。另据测算，当前中国粮食库存消费比超过 50%，同样远超联合国粮农组织的粮食安全警戒线。

把握粮食安全，保障老百姓的饭碗，树立并践行"大食物观"，就是守护好"中国饭碗"。国家对粮食安全问题的强烈关注，预示着今后中国将采取更强有力措施确保粮食安全，使国人不仅能"吃饱"，更能"吃好"。

时代变化了，孩子们的消费理念和我们不同，我们讲究实用，孩子们讲究时尚；我们要求物美价廉，孩子们追求高品质。这从另一个角度也证明，我们国家发达了，经济实力雄厚了。

第八章

消费之账

从精打细算到自在随心

消费之账

从精打细算到自在随心

《共产党宣言》中指出：人们的观念、观点和概念，随着生活条件、社会关系和社会存在的改变而改变。

新中国成立初期到改革开放之前，生产落后、物资缺乏，我国处于计划经济时期，社会上基本以重生产、轻消费的观念为主，人们消费的目的也只是单纯地解决温饱和维系生存。

这一时期，人们消费追求的是要吃饱、要穿暖，崇尚艰苦朴素和勤俭节约，消费欲望大多聚焦在实用性和刚性需求上。换而言之，这一时期人们消费时，希望花最少的钱获得最有用的事物，从而保障生活的必需。

改革开放后，市场活跃，人们的生活逐渐富裕起来，消费观念也发生了较大变化，由追求温饱的基本满足上升到追求物质和精神上的双重获得感。国家富裕了，人们手头宽裕了，物质条件丰富了，特别是国内高档品牌大量生产，国外品牌大量涌入，人们甚至通过消费来展示个性和自我形象。

消费是人民对美好生活向往的直观映射，也是人民福祉的直接体现。

不同时代的消费观念是社会消费意识形态的反映，体现着不同时期的社会状态。也就是说，我们能够通过人们消费观念的变化来感受社会的变革。

在采访骆宗明老人家时，我们在他们一家人的话语中，在他们的消费观念中，同样感受到了这一点。尤其是在近些年的账本中，我们发现，其内容已经不单纯地停留在柴米油盐的家庭小事上，外出旅游、购物等信息越来越多，精神追求的内容越来越多，这些都体现着他们消费观念上的变迁，体现着社会的变迁，体现着国家发展的变迁。

◎咬咬牙，买了一对铁皮水桶

1965 年 4 月，我们搬入新家后，内心感觉日子都是新的。过去那些破破烂烂的东西能用的都搬过来了，但水桶已经锈得底儿快掉了，缺口像豁牙子一般，实在是不能用了。

4 月 11 日，我到糯米庄的供销社去看，一下子就相中了一对白花铁的水桶，光洁带暗花，美观又结实，最重要的，是白花铁不会上锈，真是越看越喜欢。一问价格傻了眼，9 块 6 毛！

天哪，一对水桶居然 9 块 6 毛！当时，我每月工资是 26.5 元，一对水桶相当于我三分之一的工资。而我这26.5元可是一大家子一个月的生活开销。

手伸进衣兜，摸摸那些被摸了一遍又一遍的少得可怜的1块、几个5毛、七七八八的小毛票和钢镚，尽管如此，那也是我起早贪晚辛辛苦苦一个月用汗水换来的。实在是手头紧，真舍不得撒手呀。

但转念又一想，每日总得挑水做饭呀，生活中处处离不开水，水从井里、河里挑到家中都离不开水桶呀。

买吧，囊中羞涩。不买，吃水用水咋办？就这样，我在买与不买中进行着思想搏斗。

"你倒是买不买呀？"售货员不耐烦了。

我咬咬牙："买！"

手头再紧，生活要紧。其他方面能省则省，我们一家已经习惯了勒紧腰带过日子了。

就这样，这一对白花铁水桶被我带回了家。

每日早晨挑着这一对水桶去打水，心里感到真美，尤其是打水的时候，由于空桶，我把水桶摇得前后右地摆动。打完水回家，也仿佛陡增了力量，担着水，哼着歌，步子也迈大了。一对新水桶，竟然增加了我对生活苦中作乐的幸福感。

在这波澜壮阔的历史潮流中，消费者既是创造者，又是享受者。

　　消费观念之变，折射从贫困到温饱再到总体小康，人民生活的历史性跨越。

　　新中国成立七十多年来，人们的消费金额增加了多少？

　　有这样一组数据：1956年，我国居民人均消费支出仅为88.2元，2021年，全国居民人均消费支出为24100元。

　　新中国成立七十多年来，一代代人都在买什么？

　　新中国成立之初，人们消费主要为满足温饱；20世纪六七十年代，居民对由自行车、手表、缝纫机组成的"三大件"津津乐道；20世纪90年代，彩电、冰箱、洗衣机组成了"新三大件"；进入21世纪，智能家电、汽车消费越来越普遍；进入新时代，旅游、健身成为重要选项。据统计，我国服务消费市场总体规模持续扩大，第三产业增加值占国内生产总值的比重从1980年的20%左右增加到2018年的52.2%。从国内到国外，只有想不到的，没有买不到的，人们的消费已经从注重量的满足转向追求质的提升。

　　回顾历史，在历史的演进中观察消费观念，我们在不同时代的影子里看到的是社会的进步、国家的富强和人民的富足。

　　从1949年到1978年，我们国家处于艰难时期，尤其是从1953年10月，粮食计划供应开始，拉开长达四十年的粮票时代。全国通用粮票被称为"满天飞"，各省的粮票叫作"吃遍省"，有人冒着被抓捕的风险倒卖粮票。1952年，中国消费者人均消费水平为80元，消费水平相当低。到了1977年，中国消费者人均消费水平达到了 175 元。这一段时间，也被称为"票证时代"。

从1978年到1991年，起步于改革开放的市场经济激活了社会，也激活了人们的消费心理，在这个时代，产品只需具备一定的功能作用就可以畅销市场，企业主甚至不需要做市场调研、消费行为细分、工艺水准控制、产品精包装之类的工作。这可以说是中国消费形式最简单的时期，对于任何一类产品，消费者和商家之间仅以产品功能为纽带建立弱连接，一旦出现替代品，这个连接就被打断。

进入 21 世纪以后，经过十几年的发展，经济架构和各行各业逐步得到发展和完善，人们已经基本解决了衣食温饱问题，单纯的功用型产品已经满足不了他们的消费需求，中国消费进入体验型时代。新一代消费者在消费过程中开始讲究品质和个性化趋势，注重消费层次，在意感官体验是否舒适。

2003 年，中国进入电子商务时代。随着互联网基础设施的完善，中国的互联网公司已经完成弯道超车，在应用层面超过美国科技巨头，也给人们的购物方式带来彻底的改变。从支付宝拿到了"第一张支付牌照"起，网上订货、电子支付、送货到家，移动化与无钞化逐渐成为国人的日常。

如今，越来越多的人借助互联网工具参与到产品的生产、设计流程中，并最后使用上自己参与设计的产品，进入参与型消费时代。

七十多年的消费变迁，从"看得见"到"看不见"的消费转变，时代变了，人的需求也变了。消费升级，改变中国，也影响世界。

好吧，让我们继续聆听骆宗明一家人的消费故事，让我们从骆宗明老人大女儿的故事里，去进一步感受消费观念的变迁。

骆宗明正在使用手机查看新闻

◎不同的消费观

我受父辈传统观念的影响，再加上小时候亲身经历过贫穷，赶上过生活物资短缺的时代，虽然不像父辈"新三年，旧三年，缝缝补补又三年"，但我也吃过苦，下过地，种过田，流过汗，所以生活中比较节俭。

那时候，我们一家基本没有花钱买过衣服，都是老大穿着小了，老二穿，老二穿着小了老三接着穿……最后实在不能穿了，就撕成碎片当补丁或打袼褙。袼褙，是用玉米面打成糊，抹在门板或桌子面上，一层面糊、一层布地粘在一起，一般粘四五层。把大块的旧布放在最下边和最上边一层，中间把碎布头粘在一起拼成一大块。粘好后，晒干，用来纳鞋底用。

现在，生活条件好了，吃穿住行不用发愁了，但是我以前养成的生活习惯还是没变，依然以勤俭节约为主。物欲要求不强烈，衣服不追求时髦，觉得穿着合体就行，不崇尚名牌，也没有买过名牌的衣服、包包、鞋子。长这么大了还没给自己买过贵重的化妆品，衣服只要是认为没太过时就穿，舍不得扔掉。多年前不穿的衣服、不用的物品，仍然舍不得扔，认为有可能哪天能派上用场。如多年不用的平底锅、勺子、铲子等，还保存着。

生活比较有规律，基本上按时吃一日三餐，喜欢吃家常的传统饭菜，早起基本上是玉米渣粥。没有特殊情况，不去饭店吃。到商场购物时，会先去光顾一些打折处理的商品，尽量选择物美价廉的物品，反复挑选。出门能骑自行车就不要求开车。

我们姐妹四个的消费观念大致差不多，都是勤俭节约，量入而出，我老妹子偶尔奢华一下。买东西的时候左思右想生怕买贵了，浪费了，买的东西基本上都是比较普通经济实惠的。但是，有时出去旅游，买件自己喜欢的稍贵点的衣服、化妆品啥的还是有的。

孩子们的消费理念和我们就不太一样了。

孩子们对生活质量的要求比我们略高，但也是合理消费，理性消费，跟同龄人相比不超前也不滞后。因为现在生活条件允许，生活中他们在健身、娱乐方面比我们舍得投资，办健身卡，请健身教练啥的，但是也不会毫不顾忌地乱花钱，不会超出自己的条件而去透支。

他们喜欢网购，生活中大多数物品都是从网上买的，大到家中的热水器、洗衣机、冰箱、冰柜，小到日用品，如洗手液、牙膏、小孩子的玩具，给我父亲做手账用的手账本、手账贴纸、手账胶带……我发现，这些物品在网上买比在实体店买要便宜很多，种类更齐全，同时，网购省时省力。

孩子们在穿着方面，并不追求啥品牌，而是讲求

全自动洗衣机

饮水机

空气炸锅

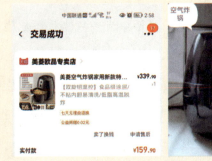

孩子们网购的家用电器

时尚，喜好新潮个性，只要样式好看，价格合理，自己喜欢就买，每年换季都添新衣服，换下来的衣服穿着不合适就往外捡，不保存。

现在，物质生活丰富多彩，菜市场、超市、网上，琳琅满目的食品应有尽有。孩子们在饮食方面追求营养健康，早餐喜欢喝奶，不喜欢吃剩饭剩菜。生活水平好了，来了客人在家做饭嫌麻烦，在饭店又花不了多少钱，图省事，再说在外吃饭还可以品尝全国各地乃至世界各地的美味，有时约上亲朋好友一起去饭店聚餐，既能增进感情，又改善了伙食。

餐饮行业高度发达，除了网上订餐之外，这一两年又兴起了比去饭店更方便的外卖，想吃啥，足不出户，在手机上下单，时间不长就直接送到家门口，孩子们叫外卖是常有的事。

前几天因疫情封城，里不出外不进，我老妹子为了改善一下我爸妈的伙食，就从网上订了一只烧鸡，地址和电话留的是我爸的。等志愿者打电话让我爸去取东西时，我爸还说是不是弄错了，说他没买。原来，老妹子没告诉他们，怕他们不让买。疫情期间，我儿媳妇也从手机上下单给她妈和我们这儿买了蔬菜、水果、牛奶等食物及日常生活用品。

到了夏天，天气转热，孩子们进屋就开空调送凉风。到了秋天，天气转凉，还没供暖前，就打开空调送热风。

现在，孩子们上下班几乎是每天开着自己的轿车。

我感觉，在新生活面前，我们是有些落伍了。

幸不幸福看什么？有人说看存款，有人说看状态，更有人说看消费。这里的"消费"可以延伸到我们生活的方方面面，衣食住行等。换而言之，消费能力的强弱一定程度上反映着人们的生活水平。

据国家统计局相关数据，2021年全国居民人均消费支出24100元，其中，城镇居民人均消费支出30307元，农村居民人均消费支出15916元。

从1978年到2021年，无论是城镇居民还是农村居民，其消费支出的差距巨大。如今人们消费支出的增加，是生活宽绰的体现，也是经济富足的实证。

当然，作为老一辈的过来人，尽管日子富裕了，手头宽松了，但他们还是保持着勤俭节约的生活习惯。这样的例子在我们的生活中不胜枚举，我们每个人的身边都生活着无数这样的人。现在的我们，生活在美好的时代，但也更应该懂得理性消费，不能贪图享受，这样每一个家庭才能把日子经营得幸福安康。

◎孩子们的孝顺

无论是闺女、姑爷，还是外孙、外孙女，孩子们都特别懂事，经常给我们老两口买吃的、穿的、用的，舍得为我们花钱，他们的孝顺，让我们老两口感觉晚年很幸福。

闺女姑爷每日必到，自是不用说。他们来的时候，常常给我们买些时令的果蔬或是大棚里反季的瓜果，比如我们爱吃的酥瓜等。

四个晚辈——两个外孙、两个外孙女，虽身在外地工作或求学，他们的孝顺从未缺席。但实话实说，他们为我们花的钱，我们着实心疼。

前几年，四个孩子一起给我买了一件大皮袄，花了一千好几。衣服是真好，看着就高档，保暖性又好。孩子们嘱咐我一定要穿，但我朴素惯了，不习惯穿这么好的衣服，穿着不自在，又怕弄脏弄皱。一年中只有在重要场合才穿一下，所以一年也就穿个五六次，然后就束之高阁，我就心疼这钱，感觉利用率不大。

去年我和老伴生日的时候，四个孩子合着给我们一人买了一双保健磁疗鞋，我的花了750元，老伴的花了600元，说是能增强体质，促进脚部经络的血液循环，据说还有治病功效啥的。孩子们让我们每天穿，说千万别舍不得。我和老伴说，那就穿吧，孩子们的一片孝心。这要让我们在以前，怎么也舍不得买这么贵的鞋。心疼钱，是寻思孩子们在外奋斗也不容易，感觉过意不去，但孩子们的孝心可嘉。

现在，我和老伴每天穿着这鞋去散步，早晚各一次，每天平均七八千步。我对老伴说："别说，你穿着这鞋子挺好看。"老伴回答："你穿着也好看。""最主要的，这鞋穿着是舒服。"我和老伴几乎异口同声，俩人不禁哈哈大笑起来。至于鞋子能不能治病，那不重要了，有了孩子们的孝心，我们生活无忧，心情舒畅。加上每天坚持锻炼，即使到了耄耋之年，我们身体依然很好。

时代变化了，孩子们的消费理念和我们不同，我们讲究实用，孩子们讲究时尚；我们要求物美价廉，孩子们追求高品质。这从另一个角度也证明，我们国家发达了，经济实力雄厚了。

外孙、外孙女买的大衣和保健鞋

面向新时代新征程，党的二十大报告明确提出"着力扩大内需""增强消费对经济发展的基础性作用""增强国内大循环内生动力和可靠性"，为新阶段消费发展赋予了新的使命。

　　同时，党的二十大报告也明确了到 2035 年我国发展的总体目标："经济实力、科技实力、综合国力大幅跃升""人均国内生产总值迈上新的大台阶，达到中等发达国家水平""实现高水平科技自立自强，进入创新型国家前列""人民生活更加幸福美好，居民人均可支配收入再上新台阶，中等收入群体比重明显提高，基本公共服务实现均等化"……

　　我们坚信，不久的将来，我们一定能把高质量发展的"蛋糕"做大做好，更能把这个"蛋糕"切好分好，让老百姓敢消费、能消费、想消费，还要多消费、消费好。

从小家到"大家"，他们有了深刻的认识，今天的幸福生活成为看得见、摸得着的现实，对小家的小康生活的来之不易更珍惜，对我们的大国崛起更自豪，爱家爱国之情油然而生。

第九章 育之账

从勤俭孝爱到家国情怀

育之账

从勤俭孝爱到家国情怀

　　家是最小国，国是千万家。家庭，作为社会的基本细胞，也是精神文明建设的重要阵地，"家风好，就能家道兴盛；家风差，难免殃及子孙、贻害社会"。向上向善的好家风，能够为社会培育美好的种子，为国家的未来播种新的希望。

　　自改革开放以来，我国经济社会不断发展，人民生活水平不断提高，城乡家庭结构和人们的生活方式也发生了巨大的变化。然而无论时代如何变迁，对一个社会来说，家庭对于文明养成的重要作用不可替代。习近平总书记在会见第一届全国文明家庭代表时强调，尊老爱幼、妻贤夫安，母慈子孝、兄友弟恭，耕读传家、勤俭持家，知书达礼、遵纪守法……是支撑中华民族生生不息、薪火相传的重要精神力量，是家庭文明建设的宝贵精神财富。由此可见，无论过去、现在还是

骆宗明的家庭合影

将来，重视家庭文明建设，始终是一个不容忽视的课题。

在采访骆宗明老人的日子里，令我们感受最深的就是这个家庭中无处不在的家教和家风。

自然，这种家风与家教是温暖的、和谐的、幸福的、谦恭的、美好的、淳朴的。这样的家教和家风的形成并非一朝一夕，是人性与时间久久碰撞激起的火花，是价值观、世界观、人生观与正能量的无限融合。

让我们继续翻开骆宗明的家庭账本，从他们的讲述中去体会和感受这种无处不在的家风。

◎家庭和美，吾心安处

说起来，我们家其实就是中国千千万万个普通家庭中的一员，柴米油盐酱醋茶中过着平凡的日子，但我们的家庭又有着令其他普通家庭羡慕的地方。

我和老伴于 1961 年结婚，至今已 61 载。老伴一针一线把家徒四壁、冰冷破败的家缝缀得有了烟火暖色，有了四个乖巧女儿的欢声笑语，有了外孙、外孙女和他们下一代四世同堂的天伦之乐。

老伴年轻时，除了受生活贫困、一大家子吃穿用度的苦累，还在"文革"中受我父亲的牵连，被划到"四不清干部"家属的人群里开会批判。她在生产队干最脏最累的活儿，受污蔑说偷吃生产队的花生而被审查，幸好有善良的村民们作证才得以真相大白。

尽管如此，她从来没有一句怨言，给受批斗的父亲做可口的饭，尽量减轻我父亲的痛苦。我父亲老了，开始在我们哥三个家里轮住，他最爱来的地方就是我家。她给我父亲吃"独食"——细粮，把我父亲的衣服被褥浆洗得干干净净，屋子料理得清清爽爽。她孝敬老人，支持我全身心投入工作，我们结婚 61 年没拌过嘴、没红过脸，四个女儿及四个晚辈都由她一手拉扯大。可以说，老伴为我们这个家立下了汗马功劳。

老伴身上，有着中国妇女的所有优秀品质，勤俭持家、忍辱负重、尊老爱幼等。她不仅教育闺女们要孝顺公婆，还总跟姑爷们说要对父母好。

女婿们给我们买来好吃的，老伴总是先问给你爸妈买了吗？没有的话，就让他们先拎回去给父母。俗话说，一个好女人旺三代，一点儿不假。而我，也是以勤勉好胜的工作作风，严于律己、待人和善的秉性品格，看人长处、宽人短处的处世态度，来身体力行。

我和老伴言传身教的这种做法，影响着女儿们和晚辈们。四个女儿从小就懂事，也没惹我们生过气，姊妹之间相互关爱，礼让相处，全村挂名。成年后，积极进取，都拥有一份稳定的工作。结婚后，孝敬公婆，夫妻互谅，教子有方。四位贤婿陆续成为我们和

骆氏家训

我们《骆氏家谱》在大家的共同努力下，为了敬天地之恩，传祖辈之德，圆父母之愿，聚家族之情，倡忠孝之道，已书写完毕。定有不妥之处，请谅解。现将《家训》初稿公布如下；供后人不断完善参考。（内含骆氏家族26位男性姓名最后一字）

点赞中华，军民自强，爱国爱家，敬业为上。
勤俭节约，朴素大方，携手创新，恩惠共享。
家庭美德，温馨芬芳，争创豪杰，清正志昂。
夫妻和睦，忠诚互让，孝老爱幼，吉祥春光。
兄弟姐妹，互来共往，婆媳姑嫂，文明体谅。
涛辉飞龙，宇宙星亮，笋尹成林，家兴业旺。
邻里团结，友好互帮，和谐相处，家风共创。

谐大家庭中的成员，吃过一锅饭，住过一院房，对我们十分孝顺。外孙、外孙女各两对，他们生在新社会，虽身处蜜罐中，却个个争先向上，分别成为优秀士官、研究生、公务员、大学生。

应晚辈之求，我完成了家族中前后七代的家谱书写，涉及91人。每家一份，永久留存，予以参照，目的是促进家族人员和谐相处，男女平等。

我们还编写了自家的"家训"，以传递家风的正能量。我觉得，一个家庭只有做到夫妻恩爱、孝亲敬老、尊老爱幼、友善相帮、兄弟常来、姐妹常往、婆媳包容、姑嫂相让、全族团结、和谐永昌，这样才能阖家欢乐、子孙兴旺。

总而言之，我觉得，家风不仅关系着一个家庭的美满和子女的前途，也影响着社会的和谐与发展，进而影响着国家的富强与安定。

骆宗明老人坦言，好的家风，其实就是国家文明的影子。顾炎武曾说"天下兴亡，匹夫有责"，范仲淹也讲"居庙堂之高则忧其民，处江湖之远则忧其君"，作为社会中的每一员，都应该为国家的发展献计出力，将个人之梦融入中国的复兴之梦。"家国情怀"不是要我们抛却小家，忘却亲人，而是要我们推己及人，由"家"到"国"，都捧出一颗爱心来。

家风传承军旅梦

　　从祖辈开始就想国家利益之所想，做民族安全之所需，培养爱国主义精神，传承红色基因，形成家庭成员关心国防、热爱国防、投身国防的良好氛围。

◎ 解放战争，为国捐躯

与妻家两姓却亲如一家，共同生活的妻姨父唐玉先之父——唐安，在解放战争中壮烈牺牲

◎ 抗美援朝，保家卫国

大哥骆宗和：1950—1953 年参加抗美援朝战争
二哥骆宗美：1956—1959 年在甘肃兰州当坦克兵

◎ 退役官兵，服务家乡

大哥二儿骆永来：1978—1991
年在承德武警部队当兵提干
大哥四儿骆永军：1987—1991
年在承德当兵
二哥女婿代振宏：1987—1992
年服役
二哥女婿唐志新：1985—1989
年服役

◎ 现在从戎，建功立业

二哥家长孙骆云涛：自 1999 年入伍以来服役 24 年，二级军士长
大哥家长孙骆云辉：自 2001 年入伍以来服役 22 年，二级军士长
我家大外孙唐岳臣：自 2007 年入伍以来服役 16 年，四级军士长
二哥家外孙唐波：2006—2008 年服役

◎小家之情，彰大国之爱

我是个做事细心的人，喜欢收集资料，喜欢用笔记下个人和家庭经历的大事小情。尤其是从我1959年参加工作以来的事，都记录到一个64开的小红塑料皮的本子上。这一记，就成了一生的习惯，也成了我的家史。

2019年是新中国成立70周年，举国同庆。有一天，我一页页翻看小红本，发现我的家史和我们国家的发展史一脉相承。走过70年的风风雨雨，我家的变化是：我的工资从26元5角，到2019年的4936元9角2分；从吃"瓜菜代"到日常肉菜蛋奶果均衡营养；从土坯房到楼房；从出行靠"大步撵"到一家一辆轿车；从煤油灯到彩电冰箱，从书信到智能手机……而我们国家，从食不果腹的筚路蓝缕，到经济的逐步向好，到生活水平的逐渐提高，到科技的飞速发展，到综合实力的全面提升。看着我的家，放眼我们的国，我心潮澎湃，不能自已。

于是，我产生了一个想法：制作家庭档案。

小红本是家庭档案的"蓝本"，我几十年来收集保存的各种资料都完好无损，各种实物都散发着岁月的沉香。晚上，我临时召开了家庭会议，把全家人都召集来，把这一想法告诉了家人，大家一致赞成。我们集思广益，进行了任务分工，不论是闺女还是姑爷，谁有空谁帮着干活。

我是"总设计师""总指挥",按内容进行了分类,包括日常财务、家政大事、旅游考察、子女成长、照片音像、养生保健等多方面。买书架、组合安装、制作目录、贴标签、装档案盒……我们忙得不亦乐乎。

这个过程中,孩子们不嫌累,不嫌脏,他们发现原来我们家有这么多的"宝贝",整理档案的过程也成了他们回顾历史的过程,他们一边忙碌,一边感慨着我们国家的变迁和发展。从小家到"大家",他们有了深刻的认识。今天的幸福生活成为看得见、摸得着的现实,对小家的小康生活的来之不易更珍惜,对我们的大国崛起更自豪,爱家爱国之情油然而生。

这些家庭档案,还在持续更新中。它们,将成为家风传承的最好载体。我想,广大家庭都弘扬优良家风,千千万万家庭的好家风代代相传,将支撑起我泱泱大国良好的社会风气和国家文明。

新中国成立七十多年来,我国的社会道德建设是持续跟进的。中国特色社会主义进入新时代,我国社会主要矛盾发生了变化,已经转化为人民日益增长的美好生活需要和不平衡不充分的发展之间的矛盾,这也对全民族的思想道德素质提出了更高的要求。

党的二十大报告指出:"提高全社会文明程度。

实施公民道德建设工程，弘扬中华传统美德，加强家庭家教家风建设，加强和改进未成年人思想道德建设，推动明大德、守公德、严私德，提高人民道德水准和文明素养。"

家庭是道德教育的起点。在采访过程中，骆宗明老人的四女儿为我们讲述了她所亲历的家风家教故事，使我们可以从不同角度进一步认识这个家庭。

◎我们家最大的财富

我公公婆婆一个85岁，一个87岁，身体都挺健康。但是，我婆婆不会用煤气灶做饭，所以做饭爱将就。为此，我几乎每周末都去公婆家给他们改善一下伙食。

有一次周末，我儿子去上学，因没从我们滦州买到车票，我和爱人就开车把他送到北戴河车站。10点多我儿子坐上了返校的车后，我寻思我俩难得出来一趟，打算在北戴河玩玩。可是又一想，每周都去给公婆改善伙食，要是不去恐怕他们又要将就饭食。于是，我俩哪儿也没逛，直接回公婆家，给他们去做饭。

老人们岁数大了，沙发罩、被罩等大件的东西洗着晾着都费劲。我利用周末，会轮换着给他们洗干净，每次去，一洗一大堆。老人们虽然不好意思，嘴里说着别忙活了，快歇会吧，但我知道，他们是很高兴的。

我婆婆只有3颗牙了，镶的假牙戴不习惯，一直也不用，只能吃点稀饭。每当烙饼或炸面丸子的时候，我都会把皮剥下来自己吃了，把里边软和的面心给她放到碗里。

　　每逢冬天，我和我老公都会挑周末的时间开车去我婆婆家，然后我会带婆婆去浴池洗澡。婆婆脚骨折过，所以我特别小心，不敢让别人给她搓澡，每次都是我给她搓澡。在浴池里，几乎每次都会有人问她："这么大岁数了来这里洗澡，带你来的是闺女吧？"每次我婆婆都会非常骄傲地说："是儿媳妇，我是婆婆妈。"是的，婆婆也是妈，既然我跟我丈夫组建了家庭，我们成为一家人，他对我父母如同他的父母，我视他的亲人为我的亲人。这样做都是应该的。

　　关心父母、孝敬长辈，是我从小就耳濡目染的。我奶奶去世早，从小我二姨姥就帮着我妈哄我们，也帮着我妈给我们一大家子做衣服。听我爸妈讲，过去我爷爷分的地主家的房被退回去了，我们家没有了住处，是我二姨姥和二姥爷帮忙操持盖的房。

　　二姥爷是木工，他包揽了我家盖房的全部木工活。有一次他赶牛车去城里买檩条，经过东河河沟时，由于车太重，河沟又坑洼不平，牛拉不动了，陷在了河沟里。他就一根一根地卸下檩条，等牛车上岸，他又一根一根地把檩条装到车上，累得他浑身大汗，筋疲

173

力尽。经过二姨姥和二姥爷的帮助，我们才终于有了自己的房子。

我爸和我妈常给我们讲二姨姥和二姥爷的事，让我们到啥时候也不能忘了他们的大恩大德。我爸我妈对他们既尊重又孝顺。我们在港北居住的27年，虽然与两位老人不同住，但每天他们几乎都和我们同吃、同劳动，享受着天伦之乐。

我二姨姥晚年患有三叉神经痛，这种病疼痛难忍。为了治病，我爸我妈带她去过昌黎县医院、唐山煤炭医学院附属医院、石家庄市人民医院等地去治疗，尽管把面神经疼痛部分抽出，但两年后神经线又自动接上，多次治疗，也不能根除。我二姥爷患有肺气肿，一到冬天就咳喘得厉害。我爸千方百计给他想办法治疗，后来找到一个偏方，用七味西药共275片捣成粉末，分成40包，每天早晚各一包，后来二姥爷的这个病就真的好了，没再犯过。

我们当时生活得非常困难，有一点儿细粮，基本都给二姨姥、二姥爷及我爷爷吃了。

在我父母的影响下，我们姐妹四个从小就很懂事，长大了也跟着爸妈一起回老家，看望老人们，也帮着种种地、干些农活等。

现在，他们已去世多年，而我的父母也老了。今年，我父亲81岁，母亲82岁了。好在父母身体都健康，生活上基本上不需要照顾。我能为他们做的，就是他们自己办起来费劲的活儿。

我上学时，我们还住在港北老家。母亲给我们做饭时，总是坐到风箱旁边，一手拉着风箱，一手往灶膛里添柴火烧大锅做饭。她不拉风箱时，我就坐到母亲旁边给她掏耳朵，让她舒服舒服，有时她会舒服得打起盹来，我便帮忙烧火。

直到现在，每隔一段时间我就会给她掏掏耳朵。当她坐在沙发上，阳光照在她身上，我轻轻地给她掏着耳朵，看着她眯着眼睛打盹的样子，我心里舒服极了。

自己给自己剪脚指甲是件不容易的事情，尤其对老年人来说，因此父亲的脚指甲一般都是我来剪。可能有人会认为给别人掏耳朵、剪脚指甲不卫生，但我在干这些活的时候一点儿也不觉得脏，相反，当我摸着父母的耳朵和脚时感受到的只有温暖，这也令我常常想起小时候和父母的温馨时光。

父母虽然身体都很好，可我依然惦记他们，每天下班都要先去看看他们，到那儿说说话，我们聊起各自一天中发生的事情，便觉得心里踏实了。

我也常买些他们喜欢的果蔬，让他们尝尝鲜。我们姐妹对父母都各尽各心，晚辈对姥姥姥爷也非常孝顺。我们这个大家庭里有的是满满的幸福和欢笑，这正是我们家最大的财富。

多次到骆宗明老人家里采访，去之前，我们都会约好时间。每次，老人都是穿得整齐干净，早早地在门口等着，像在等待许久不见的尊贵客人。远远地看到老人如此认真的态度，总让我们心生敬意，他像一位慈祥的老父亲，没有架子，和蔼可亲，一种莫名的亲近感油然而生。老人待人接物、为人处世的这种言行，也不由地影响了我们。这就是家风的力量。

　　这次没想到情况有变，约定采访的日子近在咫尺，新冠肺炎疫情又有了局部反弹，我们不得不暂缓采访。失望之余，骆宗明老人却给了我们出乎意料的惊喜："没事的，你们要问的话题，我都准备好了。"

　　准备好了？我们本以为骆宗明老人捋出了头绪，谁想到，时间不长，老人就用手机微信给我们发来了照片。原来，老人担心自己岁数大了，恐丢三落四忘了该说的，就连着几天把想说的话写了下来。他给我们发过来的，正是这些内容。看着密密麻麻的文字，我们心里五味杂陈，不难想象，一位年过八旬的老人，是怎样戴着老花镜，一笔一画写下这几页纸的！

　　由此，我们也更全面地认识了老人，慈祥、和蔼、认真。就让我们从老人的字里行间，更为深刻地了解这个家庭的家风。

◎家教家风，永不过时的话题

做好家庭教育是每位家长的重要职责。习近平总书记曾在多个场合提出"家庭、家教、家风"的有关教育指示，作为一个家庭就是要从落实上下功夫，从子女的教育开始，扣好人生的第一粒扣子，把他们培养成国家有用的人才。

我家之所以有这么翻天覆地的变化，就是因为国家越来越富强，也因为大家的付出，通过学习文化，掌握真本领，热爱自己的事业，为国效劳才获得的。

我从教15年，行政单位当公务员28年，兢兢业业，可以自豪地说，竭尽全力，一丝不苟，听党话，跟党走，从未为工作升迁求过人送过礼，都是凭真抓实干取得领导和同志们的信任。

退休后21年来，我红心向党，发挥余热，得到了党和国家有关部门的高度认可，并获得了很多的荣誉。这对孩子们是无声的鼓励和鞭策，也是她们学习的榜样，所获的荣誉给滦州市、滦城办增光添彩，孩子们也都感到自豪！当国家级电台、《新闻联播》和各级党报、党刊以及网站播放和刊登后，也给大家以精神上的鼓励和支持。

是党，带领穷苦百姓翻身做主，带领中国从黑暗贫穷走向光明富强。可以说，没有共产党就没有我们这个家。

孩子们听到我们的说教，都有同感，家是最小国，国是千万家。我们只有红心向党，为党好好工作，才能报答党的恩情。

我家最老的党员，是老伴李秀芹，61 年党龄。全家十六口人，现有十三名党员，在各个岗位都是先锋。四个女儿高中毕业，四个外孙、外孙女都是大学生（本科）、研究生学历，都已步入社会，有当兵的，有在省厅和县区工作的，都很优秀。当他们填履历表的时候，都倍感欣慰。他们都对党和国家充满热爱，听党话，感党恩，跟党走！

家庭、家教、家风，是一个普遍的社会问题。

从我们整个家族来说，家庭和美彰显大国安定。我和老伴 1961 年结婚，没红过脸，吵过架。我在外地教书干工作时，是老伴撑起了这个贫寒的普通家庭，辛辛苦苦把四个女儿拉扯大，帮助抚育孙辈苗壮成长，这才有了如今四世同堂的天伦之乐。

身教重于言教。我家在 2021 年荣获"第二届全国文明家庭"称号，也获得河北省、唐山市、滦州市各级"最美家庭"的光荣牌匾。我的四个女儿对公婆孝敬有加，尤其是四女儿骆艳青，为人师表，孝老出名。五个妯娌，她是最小的，但在孝敬近九旬的公婆上她是先锋，在她和四姑爷李建合的带动下，其他妯娌由不和到重归于好，和谐相处，争先恐后为老人烧火做饭，已传为佳话。

我的四个晚辈，包括外孙媳妇，对我们长辈都照顾得很好。我们虽然有退休工资收入，但他们每年都给我们买吃的、穿的、用的，过节还进行"团拜"给我们红包。每逢生日、大事，我也给晚辈发祝福语和红包。

总之，一家人互相尊重、互相关爱。

文明家庭证书

◎红色生日

"我志愿加入中国共产党，承认党纲党章，执行党的决议，遵守党的纪律，保守党的秘密，随时准备牺牲个人的一切，为全人类彻底解放，奋斗终身"，这是 1971 年 10 月 28 日我在古马公社会议室里宣誓的誓词。

我父亲是在 1947 年秘密加入党组织的，连我母亲都不知道。当时我因年龄小，不懂得什么是共产党，后来才慢慢知道共产党是为人民办事的、为大家服务的，就感到很自豪！现在回忆起来，这就是启蒙教育。

习近平总书记在 2022 年 5 月 10 日庆祝中国共产主义青年团成立 100 周年大会上强调：在实现中华民族伟大复兴的征程上，中国共产党是先锋队，共青团是突击队，少先队是预备队。入队、入团、入党，是青年追求政治进步的"人生三部曲"。按照习总书记的指示，回忆我的红色生日经历意义深刻。

1949 年我在本村上小学，虽个子矮，但学习上进，曾受班主任李老师的夸奖，在年终评语中写道："小孩儿年龄小，念书还更好，继续叫他念，将来前途小不了。"所以在小学时候我就光荣地加入了少先队，光荣地戴上了红领巾。

入党前加入突击队

1958 年 8 月考入滦县一中后的第三年，因滦县缺老师，就从滦县一中选拔学生到当时的二十二中上师范。经过一年的培训，于 1959 年 7 月 10 日，在团支部郭振卿和康玉凤的介绍下，我正式加入了共青团组织，从 1959 年 8 月开始走国家分配任教之路。为争取加入党组织，我在教育界走上了"突击队"之路。

对党忠诚，抓教育。1959 年 8 月 1 日，店坨村委会的人赶着小驴车把我从二十二中连人带行李送到店坨小学任教师。在店坨小学工作时，正好遇上了三年困难时期，我们吃定量，拿饭票，吃食堂，与村民们同吃渡难关。在那段艰苦的岁月里，我始终怀着积极的工作热情，一刻也未放松过，在该校曾两次被评为模范教师和"三秋"模范。

敢于推新创佳绩。1963 年 2 月，一纸调令，我来到我的母校糯米庄小学任教。到校后，陈文德校长安排我抓团组织和少先队工作，并兼任大队辅导员。在糯米庄小学的三年里，我开始抓红色革命传统教育，曾连续两年清明节期间联系并带队到唐山烈士陵园扫墓和学习革命烈士英雄事迹，孩子们很受教育。团队工作在坨子头工委名列前茅，我还两次被评为模范少先队辅导员和优秀辅导员。

入党时争当先锋

我经过十几年的小学教师工作的锤炼，增长了才干，学习了不少本领，通过团组织的多项工作也得到了锻炼，成了骨干，在加入中国共产党的远大目标上也前进了一大步。1971年2月，我被调到古马中学任教，并实现了自己的入党梦。

常住窝棚抓建设。现在回忆起来，这可能是党组织对我的考验。我和唐国光老师在建筑现场守材料，尽管昼夜坚守岗位很辛苦，但是保证了工程质量和学校物资不丢失。工程进行得很顺利，没有发生一起意外事故。

创办通讯搞宣传。抓共青团工作后，我创办了刊物《校内通讯》，每月两期，由通讯员把学校的大事、好人好事写成稿件发表在《校内通讯》上，并报公社党委办公室，从组稿到钢板刻印都由我一人完成。刊物的创办，扩大了学校的影响力，并增强了团组织的凝聚力、号召力。

积极作为当先锋。1971年7月我光荣加入党组织。校长张洪儒、主任赵恩君是我的介绍人。从此以后，我便以共产党员的高标准要求自己，以身作则，不辱使命，在各项工作中当先锋，时刻用党章誓词约束自己。

从入党到退休，经历了三十年的漫长过程，这是对自己的考验和鞭策。正是为党效力，为国尽忠的大好时机。入党不是目的，不是为了"光环"，而是要实现忠诚、干净和担当的初心和使命。回顾50余年的奋斗路，可以说50余载不忘初心，退休后牢记使命，做到了身退心不休，信念永不丢！

家风家教是一个家庭最宝贵的财富，是留给子孙后代最好的遗产。不论时代发生多大变化，不论生活格局发生多大变化，家教家风这个话题，永不过时。

从《道德经》"是以圣人处无为之事，行不言之教"的智慧，到抗战时期"母亲叫儿打东洋，妻子送郎上战场"的民谣；从孟母三迁到岳母刺字……良好的家教家风，一直是中国人家庭中的内在精神纽带。

毋庸置疑，家庭是国家发展、民族进步、社会和谐的重要基石。党的二十大报告提出，要"加强家庭家教家风建设，加强和改进未成年人思想道德建设"，这也是"家教家风"首次出现在党代会的报告中，反映了党中央对家庭和睦、幸福、文明的高度重视。

家教家风与国家和民族的前途命运紧密相关。好的家教家风的每一滴涓流、每一缕清风，都将成为一个人向阳生长的重要支撑，最终汇聚成为驱动国家和民族破浪前行的磅礴伟力、不竭动力和永恒的生命力。

图书在版编目（CIP）数据

小日子 大时代：我的家事手账/黄军峰，沈庆撰；骆宗明
口述. 一长沙：湖南人民出版社，2023.1（2023.7）

ISBN 978-7-5561-3065-8

Ⅰ.①小… Ⅱ.①黄… ②沈… ③骆… Ⅲ.①家庭生活—档案
资料—汇编—中国—现代 Ⅳ.①C913.11

中国版本图书馆CIP数据核字（2022）第174151号

XIAO RIZI DA SHIDAI——WO DE JIASHI SHOUZHANG

小日子 大时代——我的家事手账

撰　　者　黄军峰　沈庆
口 述 者　骆宗明
责任编辑　贺　娅
装帧设计　许婷怡　陈艳玲
责任印制　肖　晖
责任校对　杨萍萍

出版发行　湖南人民出版社［http://www.hnppp.com］
地　　址　长沙市营盘东路3号
邮　　编　410005
经　　销　湖南省新华书店

印　　刷　长沙超峰印刷有限公司
版　　次　2023年1月第1版
印　　次　2023年7月第2次印刷
开　　本　710 mm×1000 mm　1/16
印　　张　13
字　　数　110千字
书　　号　ISBN 978-7-5561-3065-8
定　　价　39.00元

营销电话：0731-82221529（如发现印装质量问题请与出版社调换）